福建省示范性普通高中丛书

丛书主编——李迅

多元共生 融合发展
——厦外特色办学的实践与探索

谢慧 主编

海峡出版发行集团 | 福建教育出版社

图书在版编目（CIP）数据

多元共生 融合发展：厦外特色办学的实践与探索/谢慧主编. —福州：福建教育出版社，2024.12.（福建省示范性普通高中丛书/李迅主编）. —ISBN 978-7-5758-0067-9

Ⅰ. G639.285.73

中国国家版本馆 CIP 数据核字第 2024YE1727 号

福建省示范性普通高中丛书
丛书主编　李迅

Duoyuan Gongsheng Ronghe Fazhan

多元共生　融合发展
——厦外特色办学的实践与探索

谢　慧　主编

出版发行	福建教育出版社
	（福州市梦山路 27 号　邮编：350025　网址：www.fep.com.cn
	编辑部电话：0591-83786469　83763381
	发行部电话：0591-83721876　87115073　010-62024258）
出 版 人	江金辉
印　　刷	福州印团网印刷有限公司
	（福州市仓山区建新镇十字亭路 4 号）
开　　本	710 毫米×1000 毫米　1/16
印　　张	14.25
字　　数	212 千字
版　　次	2024 年 12 月第 1 版　2024 年 12 月第 1 次印刷
书　　号	ISBN 978-7-5758-0067-9
定　　价	50.00 元

如发现本书印装质量问题，请向本社出版科（电话：0591-83726019）调换。

"福建省示范性普通高中丛书"编委会

丛书主编：李　迅

丛书副主编：余志丹　江金辉

丛书编委：陈　欣　龙超凡　魏建龙　任延延

本书编委会

主　　编：谢　慧

执行主编：郑远鹏　邹春盛

副 主 编：林其明　周　毅　李　勇　黄锦亮

　　　　　钱永昌　潘　俐

编　　委：胡靖华　周为煌　潘燕丽　蔡文恭　洪伟东

　　　　　郑英昇　邱洪斌　阙永华　陈锦英　洪晓明

　　　　　周志伟　杨　淳　姜佳荣　王承琦　谢　展

　　　　　王丹丹　林德胜　欧阳国胜　李　娟　廖静涵

丛书序

高中应让孩子一生热爱

经历世间种种者回顾起自己的高中阶段，常常有"平生不会相思，才会相思，便害相思"之感。高中阶段是一个人身心发展、自我意识和能力提高、思想观念进一步丰富的重要时期，深刻且难忘。就人才培养全过程而言，这也是非常关键的阶段，因此，"谁掌握了高中，谁就掌握了未来"！

福建省历来重视教育，前人留下"独中青坑"的佳话。当代福建中学教育更能有效帮助学生德智体美劳全面、健康、可持续发展，"高考红旗"的美誉就蕴含着社会各界对福建教育的充分肯定。新时期福建高中教育如何守正创新、勇毅前行？基于这一思考，福建省系统构建高中教育的发展，从达标到示范，从县域高中提质到乡村高中固本，从特色高中到综合高中等进行全面规划。其中，"培育创建示范性普通高中"是推进普通高中高质量发展的重要举措。

2016年4月，福建省人民政府办公厅印发《福建省"十三五"教育发展专项规划》（闽政办〔2016〕67号），要求巩固提高普通高中发展水平、着力推进优质高中建设、推动高中多样化特色发展，明确"重点建设一批高水平、高质量的示范性高中"，提出"到2020年，省级示范性高中达35所左右、若干所高中进入全国一流行列，省一级达标高中和示范性高中在校生比例达45%左右"。

2017年11月，福建省教育厅发布的《关于遴选培育福建省示范性普通高中建设学校的通知》（闽教基〔2017〕53号）提出：通过培育省级示范性普通高中建设学校，进一步强化立德树人根本任务，进一步创新教育管理机制，进一步深化课程教学领域改革，强化内涵建设，有效提高人才培养质量和办学水平，建设形成内涵深厚、质量优异、特色鲜明、高考综合改革成果突出、社会公认、辐射带动作用显著的省级示范性普通高中35所左右，其中若干所教育教学改革取得重大突破，成为有全国影响力的知名高中。

经各地市推荐，2018年福建省教育厅将44所学校立项为首批示范建设高中，建设周期为2018年至2021年；强调学校应在办学理念实践、学校文化创建、教师专业发展、体育与健康教育、社会服务、特色发展等方面充分发挥示范作用，引领全省普通高中多样化有特色发展，力争在教育教学、教育管理等方面改革取得重大突破，发展成为有全国影响力的品牌高中，若干所跻身国际知名高中行列；要求坚持开放办学理念，立足当地、影响全市、辐射全省，每所示范建设高中须重点选择省内不超过4所公办普通中学开展对口帮扶（帮扶期与示范高中培育建设期同步），提高公办独立初中与公办薄弱高中办学水平，实现示范高中建设效益最大化。同时明确，项目建设实行"省级统一指导、市县协调推进、学校具体实施"的管理体制，按照"一校一案"组织实施；预发《福建省示范性普通高中建设学校过程评价及确认评估指标（试行）》，适时组织专家组进行过程性指导与评价。

省教育厅决定探索学校教育综合评价新路，提出"评估必须利于所有高中学校的真正发展"的基本原则，组成的评估组必须以"不找学校报材料、不给学校增负担"为要求，构建"大数据搜集、多维度分析、分层级对标"模式，提高监测评估信息化水平，适时开展调度评析，主要指出各学校在培育过程存在的问题，以进一步提升学校内涵。评估开展前期，省教育厅邀请华东师范大学等高校的教育专家对此项工作进行了实地且系统的指导，于2020年1月正式组建"福建省示范性高中研究组"（即评估组），成员由省教育科学研究所、省普通教育教学研究室、省电化教育馆等研究机构相关专业人员组成；在省教育厅全过程指导下，福建省示范性高中研究组对示范性高中项目建设开展常态化监测评估，召开中期或阶段或年度评估过程协调会议，及时指导学校有的放矢地发展，适时提交相关报告供决策参考。

2022年，确认30所学校高中部为"福建省首批示范性高中"，示范期为三年（2022年至2024年），在示范期满后结合示范辐射情况重新予以评估确认，其余14所暂未认定的示范建设高中继续推进示范创建工作，在一年后视建设推进情况再行组织评估审核确认工作。同年，15所学校被立项为第二批示范建设高中，建设周期为2022年至2025年。

新时代，党中央、国务院高度重视普通高中教育，从高考综合改革、新课程新教材实施、评价改革、办学活力激发等方面作出顶层设计，大力推进普通高中育人方式改革，推动普通高中多样化特色发展，促进学生全面而有个性地发展，为学生适应社会生活、高等教育和职业发展作准备，为学生的终身发展奠定基础。福建省坚持以习近平新时代中国特色社会主义思想为指导，全面贯彻党的教育方针，落实立德树人根本任务，坚持五育并举，深化育人关键环节和重点领域改革，围绕加强党建引领、创新课程体系、改革育人方式、优化管理制度、提高教师素质、改进评价方式等重点任务，持续推进示范高中建设，充分彰显优质学校办学风格，健全完善优质学校辐射带动区域教育发展的有效机制，助力加快构建优质均衡基本公共教育服务体系，促进我省普通高中优质创新发展、多样特色发展。省教育厅要求，30所首批示范性高中，应结合示范辐射定位，着眼于全方位高质量发展，自行确定优势特色项目，积极创建综合优质品牌高中，或聚焦某一方面特色优势，着力打造高水平特色示范高中。同时，要主动担当，勇于作为，充分发挥示范辐射作用，实施全方位深度结对帮扶，促进对口学校办学质量和水平显著提升，不断扩大优质教育资源覆盖面。

党的二十大首次作出"教育、科技、人才"三位一体战略部署，对下一阶段推进普通高中育人方式改革提出新的更高要求。站在新的历史起点上，如何总结提炼三十所首批示范高中的办学经验，进一步推动我省高中教育发展？在福建省教育厅的支持下，在福建教育出版社的帮助下，福建省基础教育研究院（德旺基础教育研究院）拟推出"福建省示范性普通高中丛书"。期待这套书的出版能努力做好福建普通高中高质量发展的时代答卷。为此，一要紧紧围绕国家重大战略的人才需求，科学设计拔尖创新人才培养机制与路径，提高人才自主培养质量；二要紧紧围绕育人目标，推进学生综合素质的科学评价及有效运用，切实破除"唯分数论"的顽瘴痼疾；三要紧紧围绕学生发展的多样化需求，实现普职融合；四要紧紧围绕智能时代带来的机遇与挑战，实现教师角色转型及高中教与学的深度变革，不断提升育人质量。

　　新时代，新气象，愿示范高中大胆探索，改革创新，成为落实立德树人、人才培养创新、课程教学改革、教师队伍建设等方面的示范，引领和带动全省普通高中以及基础教育各级各类学校高质量发展，续写示范高中项目建设的新篇章。

李　迅

2023 年 9 月 1 日

序

多样办学提升教育质量　内外兼顾拓宽办学影响

陈明庆

党的二十大报告明确提出："教育是国之大计、党之大计。培养什么人、怎样培养人、为谁培养人是教育的根本问题。育人的根本在于立德。全面贯彻党的教育方针，落实立德树人根本任务，培养德智体美劳全面发展的社会主义建设者和接班人。"

面对经济、科技的迅猛发展和社会生活的深刻变化，面对时代发展对教育的新要求，厦门外国语学校应改革开放之运而生、顺时代发展之势而长。厦门外国语学校全面贯彻党的教育方针，坚持正确的改革方向和先进的办学理念，五育并举，积极践行特色化多样化发展的办学策略，全面提升教育教学质量。

厦门外国语学校以创建示范性普通高中为契机，经过示范性普通高中建设期（2018—2021年）和辐射周期（2021年至今），在40年文化底蕴和办学业绩的基础上实现了新突破，获评福建省首批示范性普通高中，还是全国文明校园、全国外国语学校工作研究会理事校、世界名中学联盟成员学校，更是福建省唯一具有外语类应届优秀高中毕业生保送全国重点大学资格的学校。办学40年来，厦门外国语学校取得令人瞩目的成就，难能可贵，可喜可贺。

一是多元办学。通过高考升学、外语类保送和强基计划、与国外高校的"绿色直通道"项目、出国留学以及空军招飞等项目，一批批优秀学子茁壮成长，在不同的路径上各显其能。学生不仅能通过高考进入北大、清华等心仪高校，每年还有100多位学生通过保送入读国内名牌大学。2018—2023年，其间虽然受到疫情影响，但每年仍然约有35位学生考入世界名校。厦门外国语学校以优秀的教学声誉和多元化的升学渠道享誉海内外。这与党的二十大报告提出的"坚持高中阶段学校多样化发展"的办学要求高度一致。

二是特色办学。厦门外国语学校始终坚持外语小班化教学，开设英、法、德、日、西共5个语种，积极探索外语学习与其他学科的融合，逐步推行"外语+"的培养模式。作为学校的亮眼品牌，厦门外国语学校"钱学森班"已成为培养拔尖创新人才的摇篮。钱学森班学生学科素养突出、外语特长明显，在各级各类学科竞赛中屡创佳绩，发展全面，获得社会的认可和极好的口碑。

三是合作办学。厦门外国语学校通过与各合作校多维度交流互动、多层面聚焦课堂、多渠道教师培训、多方位资源整合、多平台亮点展示，实现优质教育资源辐射，为促进区域教育优质均衡作出突出贡献。厦门外国语学校与国外29所学校建立了姐妹校关系，通过探索国际合作交流的新形式，积极传播中国文化，为国家的"一带一路"建设作出了积极贡献。

千秋基业，人才为先，基础教育是成就国家基业的重要一环。中共中央、国务院印发的《中国教育现代化2035》描绘了面向未来的教育发展图景，明确了我国教育现代化的总体目标、战略任务和实施路径。作为福建省首批示范性普通高中，站在时代发展的新起点上，在创新人才特别是拔尖创新人才培养、高素质专业化创新型教师队伍培育、课程建设与思政融合、信息化赋能教育教学、拓宽国际交流与国外教育机构的务实合作等方面，厦门外国语大有可为，无论是学校管理者，还是一线教师，既要立足当下、夯实基础、聚焦关键问题与薄弱环节，又要宏观思考、系统谋划、着眼长远，合乎时代要求、顺应未来发展趋势，办好人民满意的教育。

欣闻厦外的创建成果入选首批示范性高中系列丛书，很高兴为之作序，希望厦门外国语继续坚持为党育人、为国育才的初心使命，积极推进教育教学改革，发挥引领示范作用，形成更加鲜明的办学特色，赢得更加良好的国际声誉，为福建省基础教育改革创新作出更加突出的贡献。

是为序。

中国教育学会副会长：

2024年1月

目 录

中国灵魂，世界胸怀——厦门外国语学校简介 ⋯⋯⋯⋯⋯⋯⋯⋯⋯⋯⋯⋯ 1

第一章　坚持党建引领，推动稳步发展 ⋯⋯⋯⋯⋯⋯⋯⋯⋯⋯⋯⋯⋯ 5
第一节　从严治党，凝心铸魂 ⋯⋯⋯⋯⋯⋯⋯⋯⋯⋯⋯⋯⋯⋯⋯ 5
第二节　党建先行，品牌引领 ⋯⋯⋯⋯⋯⋯⋯⋯⋯⋯⋯⋯⋯⋯⋯ 7
第三节　突出特色，推广辐射 ⋯⋯⋯⋯⋯⋯⋯⋯⋯⋯⋯⋯⋯⋯⋯ 10
第四节　固本强基，向高致远 ⋯⋯⋯⋯⋯⋯⋯⋯⋯⋯⋯⋯⋯⋯⋯ 14

第二章　思政激活能量，德育催人奋进 ⋯⋯⋯⋯⋯⋯⋯⋯⋯⋯⋯⋯⋯ 20
第一节　体系鲜明，亮点突出 ⋯⋯⋯⋯⋯⋯⋯⋯⋯⋯⋯⋯⋯⋯⋯ 20
第二节　全员育人，实践内化 ⋯⋯⋯⋯⋯⋯⋯⋯⋯⋯⋯⋯⋯⋯⋯ 22
第三节　精选案例，五育并举 ⋯⋯⋯⋯⋯⋯⋯⋯⋯⋯⋯⋯⋯⋯⋯ 36
第四节　师生共进，做大格局 ⋯⋯⋯⋯⋯⋯⋯⋯⋯⋯⋯⋯⋯⋯⋯ 41

第三章　师资力量雄厚，专业能力突出 ⋯⋯⋯⋯⋯⋯⋯⋯⋯⋯⋯⋯⋯ 43
第一节　师德高尚，师风优良 ⋯⋯⋯⋯⋯⋯⋯⋯⋯⋯⋯⋯⋯⋯⋯ 43
第二节　名师引领，深耕精研 ⋯⋯⋯⋯⋯⋯⋯⋯⋯⋯⋯⋯⋯⋯⋯ 46
第三节　树典立范，争先创优 ⋯⋯⋯⋯⋯⋯⋯⋯⋯⋯⋯⋯⋯⋯⋯ 58
第四节　育人多维，评价多元 ⋯⋯⋯⋯⋯⋯⋯⋯⋯⋯⋯⋯⋯⋯⋯ 68

第四章　坚持五育并施，课改硕果累累 ⋯⋯⋯⋯⋯⋯⋯⋯⋯⋯⋯⋯⋯ 71
第一节　课程丰富，全面发展 ⋯⋯⋯⋯⋯⋯⋯⋯⋯⋯⋯⋯⋯⋯⋯ 72
第二节　兼顾特长，指向素养 ⋯⋯⋯⋯⋯⋯⋯⋯⋯⋯⋯⋯⋯⋯⋯ 76
第三节　突出外语，五育并举 ⋯⋯⋯⋯⋯⋯⋯⋯⋯⋯⋯⋯⋯⋯⋯ 82
第四节　立足当下，奠定一生 ⋯⋯⋯⋯⋯⋯⋯⋯⋯⋯⋯⋯⋯⋯⋯ 89

第五章　体美融合传承，劳动赋能成长 …… 94
- 第一节　精彩体艺，趣美劳育 …… 94
- 第二节　融合创新，传承发展 …… 98
- 第三节　实践育人，知行合一 …… 104
- 第四节　守正创新，止于至善 …… 116

第六章　勇立教改潮头，谱写共建华章 …… 118
- 第一节　瞄准课改，聚集素养 …… 118
- 第二节　引进资源，拓宽视野 …… 123
- 第三节　联合办学，山海共建 …… 131
- 第四节　敢为人先，共享同进 …… 135

第七章　传承钱老精神，培育创新英才 …… 144
- 第一节　厚植科学，启迪智慧 …… 145
- 第二节　重构课程，多元共育 …… 151
- 第三节　深研优教，求真务实 …… 156
- 第四节　勇立潮头，打造范式 …… 160

第八章　外语引领发展，多元赋能成长 …… 162
- 第一节　外语突出，国际视野 …… 162
- 第二节　课程多样，学科引领 …… 166
- 第三节　社团多彩，素养提升 …… 173
- 第四节　发展多元，各美其美 …… 181

第九章　锚定卓越目标，实现跨越发展 …… 184
- 第一节　依法治校，全面发展 …… 184
- 第二节　多元开放，高阶办学 …… 194
- 第三节　结对帮扶，内外开花 …… 206
- 第四节　创新合作，提质增效 …… 210

中国灵魂，世界胸怀
——厦门外国语学校简介

厦门外国语学校（以下简称"厦外"）创办于1981年，原名"厦门市英语中学"，是全国文明校园、福建省首批示范性普通高中学校、福建省一级达标学校、全国外国语学校工作研究会理事校、世界名中学联盟成员学校、推进教育信息化应用名校联盟创始校成员，是福建省唯一一所具有外语类应届优秀高中毕业生保送全国重点大学资格的学校。

学校目前设思明（初中）、海沧（高中）、集美（初中、高中）三个校区，四个学部，设有156个教学班（含内地新疆高中班，以下简称"新疆班"），在校生超过7600人。学校秉承"进德修业"的校训，确立"以人为本，为学生终生发展奠基"的办学理念，坚持"突出外语，文理并重，全面发展"的办学方向，致力于培养具有"中国灵魂，世界胸怀"的现代公民。学校的校风是"团结、勤奋、严谨、创新"，教风是"求实、求活、求精、求真"，学风是"勤学、好问、多思、向上"。

一、实施名师工程，教研成果丰硕

目前，学校教职工582名，其中有5名博士，233名硕士。在职特级教师3名，正高级教师5名，福建省中小学名校长1名，福建省名师2名，福建省学科带头人9名，厦门市杰出教师2名，厦门市专家型教师8名（含在培），厦门市学科带头人33名（含在培），有151名国家、省、市骨干教师、骨干班主任，成立了福建省肖骁数学名师工作室和邹春盛语文名师工作室，肖骁享受国务院特殊津贴，钱永昌获称"国家万人计划教学名师"和"教育部新时代中小学名师"，现有"教育部新时代中小学名师名校长培养计划"钱永昌物理名师工作室、欧阳国胜语文名师工作室、胡靖华历史名师工作室和林华地理名师工作室。学校从第一届技能大赛到第五届技能大赛共获得全国、省、市121个奖项。钱永昌老师获得国家基础教育教学成果奖二等奖。

外语师资强。有英、法、德、日、西班牙等5个语种共124位外语教师，占全校教师总数的21.3%。近年来，每年聘请近10名具有国家外专局颁发的外教聘任资质的外教，至今共聘请来自四大洲10多个国家100多名外教，教授英、法、德、日、西班牙语课程。

二、实施素质教育，学生成绩斐然

2000年以来，学校高考累计11人（5文6理）夺得福建省最高分，居全省之首，建校以来培养了23位厦门市高考文理科最高分学生。2010年以来，厦外学子上清华、北大等国内知名大学的总数为296人。2005年学校被教育部认定为全国具有推荐外语类保送生资格的16所中学之一，至今已有2202名高中优秀毕业生保送北大、清华等名校，1000多名学生进入国际知名大学深造。目前厦外学子遍布哈佛、斯坦福、剑桥、耶鲁大学等世界排名前十名的名校。2016年高考黄昊以总分701分的成绩夺得福建省理科最高分；2017年高考温晋以总分643分的成绩夺得福建省文科最高分；2024年高考康恺以总分679分的成绩夺得福建省文科最高分。学校高考成绩近年来始终位居全省前列。

三、凸显外语特色，教学成果优异

外语课程坚持小班化教学，不断开发中外教结合的文学阅读赏析、外语辩论、外语戏剧、第二外语选修、电影配音、中外文化比较等特色外语课程。从初中起每年开设法、德、日、西班牙语等非通用语种，采取"小语种＋英语"的教学模式，并聘请具有国家外专局颁发的外教资质的外教教授英、法、德、日、西班牙语课程。注重外语学习与其他学科的融合，逐步推行"外语＋"的培养模式。厦外每年有近20%学生通过高校保送资格，录取 985、211 等国内最好的高校；连续多年高考英语均分稳居全省榜首，多年包揽福建省高考英语单科最高分。其中，在 2021 年新高考中，龚林鹭取得英语学科 150 分满分的成绩，居全国榜首。

四、尊重个性发展，五育成果喜人

厦外是全国校园足球特色校，校足球队获 2018 年厦门市中学生足球联赛冠军，2018 年以来多次获得福建省青少年校园足球联赛一等奖。厦外于 2018 年被评为"福建省游泳特色项目学校"，2022 年被评为"厦门市定向越野传统项目学校"。校游泳队、定向越野队多次获得省市冠军，2020 年游泳一级运动员陈博川被清华大学录取。校网球队、击剑队在福建省示范性高中特色项目展示活动中取得一等奖、体育道德风尚奖等奖项。学校常年开展"四大系列体育项目"（田径、游泳、体育节、大课间体育比赛），常年开展足球、篮球、排球、网球、击剑、羽毛球、游泳等项目的训练，拥有 23 个体育社团组织。与此同时，学校还常年开展文化节、外语节、艺术节、读书节、科技节、体育节、音乐会、演讲赛、辩论赛等活动，并成立六十余个学生社团，实现对学生全方位、多层次的培养，既开阔其视野，又锻炼其才能，促进了学生课内外的协调发展。学校已承办十届福建省中学生模拟联合国大会，并承办了 2016 年北京大学东南地区分会；承办四届福建省省际中学生商业模拟大赛，组织学生参加国内外知名商赛，并获得优异成绩。校合唱团荣获第四届世界合唱比赛银奖。校管弦乐团连续四届以福建省一等奖的佳绩入围教育部主办的全国中小学生艺术展演，并获两届国赛一等奖；乐团至今已赴荷兰、英国、美国巡演，并应邀赴中国澳门、中国香港进行音乐文化交流。校舞蹈团荣获福建省第八届少数民族传统体育运动会开幕式表演赛金奖。

五、注重国际交流，传播中国文化

厦外与德国约翰诺伊姆中学、法国巴约市阿兰·沙尔捷高中、澳大利亚墨尔本杰纳正诺学院、英国卡迪夫公学、泰国东盟普吉泰华学校、新加坡南侨中学、日本佐世保市立广田中学、荷兰祖特梅尔市阿佛玲中学等 29 所学校建立了姐妹校关系，每年互派教师和学生到对方学校学习访问，并依托"同课异构""项目学习"等创新形式与姐妹校开展合作交流。在对外交流中，学校注重传播中国文化，推广汉语教育，尤其注重与"一带一路"国家姐妹校的互学互鉴。

六、重视学生创新，竞赛成果突出

学校多次获得全国、省、市各级青少年科技创新大赛"优秀组织奖"。建校以来，师生共获发明专利 92 项，其中 7 项专利已成功转让。近年来，师生参加全国青少年科技创新大赛累计获国际奖 6 项，全国奖 21 项，省级奖 85 项，市级奖 250 项；获得全国发明奖及中国宋庆龄少年儿童发明奖共计金牌 18 枚、银牌 17 枚、铜牌 20 枚。2018 年 9 月，学校创办厦门市首个钱学森班，致力于培养创新人才。

2011 年范睿托获得中国数学奥林匹克金牌并入选国家集训队。2013 年 11 月首届丘成桐中学科学奖物理奖唯一金奖被厦外学子陈锴杰、赖文昕摘得。2017 年高涵之代表中国队获得俄罗斯青年科学论坛暨第 26 届俄罗斯青年科学家竞赛一等奖、技术与工程学学科论坛最佳项目奖。2020 年 11 月，崔逸飞、阮煜昕、洪悦骞代表中国队首次摘得国际标准化奥林匹克竞赛金牌，这是中国参与该项目竞赛以来所获得的最高奖项。2024 年高二的刘子龙同学夺得物理学科国家金牌，入围北京大学"物理学科卓越人才培养计划"，被北京大学提前录取。

七、辐射优质资源，帮扶薄弱学校

学校先后与厦门市海沧区、湖里区、翔安区、集美区、石狮市联合创办厦外海沧附属学校、厦外湖里分校、厦外翔安附属学校、集美分校、瑞景分校、石狮分校、翔城分校。2018 年 4 月，与厦门二中在二中鼓浪屿校区合办"初中英语实验班"暨厦外鼓浪屿合作校。2005 年 9 月，学校在福建省率先承办了新疆班。

第一章

坚持党建引领，推动稳步发展

第一节 从严治党，凝心铸魂

校党委成立于 2016 年，下设 14 个支部，现有党员 330 人，占教职工总数的三分之二，中层以上干部中，党员占比超过 80%；市级骨干教师及以上名师中，党员占比超过 60%。

校党委深入学习贯彻习近平新时代中国特色社会主义思想、党的十九大及二十大精神和全国教育大会精神，深刻领悟"两个确立"的决定性意义，增强"四个意识"、坚定"四个自信"、做到"两个维护"；认真落实习近平总书记关于加强疫情防控重要指示批示精神以及中组部、教育部党组《关于加强中小学校党的建设工作的意见》；全面从严治党，充分发挥党组织政治核心作用，牢牢把握意识形态主动权，积极践行中央八项规定精神和三严三实要求，加强党规党纪教育，促进党风廉政建设，秉承"立德树人、党建铸魂"指导思想，大力开展"大学习、大宣讲"与"不忘初心、牢记使命"主题教育，组织党史学习和习近平新时代中国特色社会主义思想研习活动；团结带领全校广大干部群众，为党育人、为国育才，践行教育家精神，依法治校，五育并举，弘扬社会主义核心价值观，力行立德树人根本任务，办好人民满意的教育，为建设社会主义教育强国而不懈奋斗。

加强党建工作，完善制度保障。学校致力于培养"四有"好老师，持续发展和完善师德师风建设；将市委巡察整改工作与学校制度建设相结合，不断建立健全各类规章制度。以上工作均收获喜人成绩：校党委获评全市先进党组织；学校获评厦门市人才工作先进集体、厦门市中小学教师发展示范学校、厦门市中小学教师教学技能岗位大练兵先进单位、厦门市教育工作先进集体。

探索办学体制，形成教育集团。学校目前已形成一校三区、八合作校的集团化办学格局，其中，厦外瑞景分校和厦外鼓浪屿合作校优秀初中毕业生可直升厦外高中，为之持续输送优质生源；继续办好新疆班，为牢铸中华民族共同体意识贡献应尽之力。目前厦外已获评全国示范性外国语学校、第三批全国中小学中华优秀传统文化传承学校、福建省民族团结进步重点单位、厦门市民族团结进步示范单位。

提升办学质量，强化办学特色。五育并举，立德树人，促进学生德智体美劳全面发展，不断强化外语和科技特色，多层次、全方位培育学生的科学精神和人文素养，提升科技教育特色。学校中考和高考成绩始终位居省、市前列，实现了从追求高升学率向追求全面高质量的跨越发展。目前已被评为福建省示范性普通高中学校、福建省义务教育教改基地校、全国知识产权试点校、福建省第二批义务教育阶段人工智能教育试点学校、厦门市首批智慧校园达标学校。

深化课程改革，创新育人方式。狠抓标准化、规范化、制度化建设，深化新课程改革，着力打造"优效课堂"；积极推进深度学习，将各类节日活动课程化，不断开发完善校本课程，精心制订选课走班方案；大力发展学生社团，拓宽成才渠道，实现从标准化培养向多样化个性化培养的跨越发展。学校获评国家课程校本化实施示范高中、首批全国英才计划培训基地、空军招飞工作先进单位、全国学校体育工作示范校、全国国防教育特色学校、全国青少年校园足球特色学校。

深化治理机制，加强文化建设。校领导班子在坚持中传承，在传承中发展，不断加强制度建设，不断推进依法治校，健全全员德育工作制度，落实立德树人根本任务，形成了"关爱学生、尊重教师、家校共育、和谐发展"的良好风气，实现了从经验型管理向文化治校和依法治校的跨越发展。学校获评福建省平安校园、厦门市依法治校示范校、厦门市绿色学校、5A平安校园、反诈骗成绩突出单位。

加强文明创建，提升办学品质。创建"文明家校路，最美厦外人"文明品牌，积极引导师生从自身做起，做文明有礼厦外人。举办学雷锋系列活动，开展高三保送生"回报母校，服务社会"主题实践活动等，并与海沧中心小学开展文明结对共建活动，获评第二届"全国文明校园"、厦门市第六届创建全国文明城市工作突出贡献单位。

加强对外交流，提高国际影响。国际姐妹校增加至29所，学校接待"汉语桥"美国校长代表团、日本佐世保市教育考察团、荷兰阿佛玲中学等数十个交流团体，携手法国友好学校巴约市阿兰·沙尔捷高中举办文化交流十年展。新冠疫情期间，学校师生用英、法、德、日、西班牙语等语言向国际姐妹校发去祝福视频，送去抗疫物资，受到中央电视台、新华社等权威媒体和平台的广泛关注和报道。

校党委荣获厦门市先进党组织称号

第二节　党建先行，品牌引领

一、坚持党的领导，打造党建品牌

"教育是国之大计、党之大计。"加强党对教育工作的全面领导是做好教育工作最宝贵、最重要的经验，关乎教育事业举什么旗、走什么路的大问题。校党委坚持用习近平新时代中国特色社会主义思想武装头脑、培根铸魂、指导工作，自觉在政治立场、政治方向、政治原则、政治道路上同以习近平同志为核心的党中央保持高度一致，为加快推进教育现代化、建设教育强国、办好人民满意的教育不断作出新贡献。

校党委坚持党建先行，把支部建在一线，充分发挥支部的先锋模范作用，引领教育教学协同发展。在坚持市委教育工委1331党建工作模式的基础上，校党委在厦门市教育系统率先完成了"一支部一品牌""一组织一模式""一组织一线路"的建设，延伸创建了"厦外1246党建工作模式"："1"指用习近平新时代中国特色社会主义思想武装师生，指导办学，发挥党的领导核心作用；"2"指"立德树人"和"党建铸魂"两种理念；"4"指落实习近平总书记对教师的"四有"要求，即"有理想信念、有道德情操、有扎实学识、有仁爱之心"；"6"指贯彻校党委提出的"六个新"工作思路，即"新谋划、新目标、新要求、新做法、新特色、新成绩"。党支部分别创建具有各自特色的支部品牌，着力构建"一支部一品牌"，实现了所有支部党建品牌全覆盖。初高中共设立15个党建活动室，并设计了初高中"立德树人，党建铸魂"特色党建参观线路，共接待省内外党务工作者260余人。校党委获评"全市先进党组织"，离退休党支部获评"福建省示范党支部"，初中体艺行政党支部获评"全市先进基层党组织"，高中外语党支部获评"教育系统先进基层党组织"并获教育系统十佳党建品牌优秀奖。福建省示范性普通高中的创建和辐射过程中，这些支部都起到了示范和引领的作用。

二、坚持抓双培养，加强队伍建设

校党委高度重视双培养工作，并从以下四个方面入手，努力打造高素质的干部队伍和教师队伍。第一，切实加强领导班子和干部队伍建设，开展理想信念教育，增强党员干部的奋斗激情和责任担当，发挥党支部的战斗堡垒作用、党员的先锋模范作用和党的建设对党的教育事业的推动作用，形成"组织覆盖有实效、支部组织有力量、支部书记有作为、党员队伍有质量"的生动局面。第二，坚持党管干部原则，坚持"德才兼备、以德为先"用人标准，严格根据有关规定要求，按照干部职数、干部选拔规范流程，培养优秀年轻干部，发展新党员，把德才兼备的骨干人才吸引到、聚集到党内来，到干部队伍中来。第三，加大干部教育培训力度，提高干部整体素质，特别是政治素质。第四，加强对在岗在职干部的考核监督，进一步完善干部日常考核与年终考核相结合的长效机制，打造风清气正的干部队伍。

为全面贯彻落实全国教育大会精神，打造一支与时俱进且全面对标"四有"好老师的新型教师队伍，校党委尤为重视对本校教师提供多层次、全方位的素养发展指导。在师德方面，要求本校教师厚植家国情怀，遵守师德规范，深植爱国、爱乡、爱校情怀，把学科教学与学校、家乡、民族和国家的发展繁荣相融合，培养强烈的社会责任感和勇于担当的精神。在学识方面，建立"骨干教师—学科带头人—专家型教师—卓越教师（省名师）"的"金字塔"式名师培养体系，以优势学科团队能力建设为重点，加强教研组、备课组梯队建设，打造一批在厦门市、福建省乃至全国知名的优势学科团队。在队伍结构方面，重视年轻教师的培养，加强新教师入职培训，实行"结对帮扶"制度，依托教学技能大赛、全员岗位练兵比赛，全面提升师德师能。加强青年教师的培训管理，为青年教师配备导师，在名师引领中更好更快成长。

持之以恒，常抓不懈，双培养工作已取得了丰硕成果。目前学校共有党员330人，占教职工总数的60.1%，中层以上干部党员占比81.25%，市级骨干教师及以上的名师中党员占比62.2%。2024年共提拔10位中层干部，其中党员占90%；各级各类比赛中获奖的老师也有三分之二以上是党员。

名师队伍培育也卓有成效。目前学校有特级教师3名，正高级教师5名，1人享受国务院特殊津贴，1人入选"国家万人计划教学名师"，1人入选"教育部新时代中小学名师"培养对象，共有151名国家、省、市骨干教师、骨干班主任。在第五届全省教师教学技能大赛中，学校共有5位教师获得省级奖项，其中有两位教师获得一等奖。2022年叶穗灿等9人获评市教育系统单项奖，钱永昌、郑英昇获评省名师，刘震获评市"爱心厦门"建设工作先进个人，陈远景获评"福建省优秀少先队辅导员"，这些获奖者都是党员教师。

三、辐射党建资源，促进教育均衡

校党委践行以人民为中心的发展思想，广泛辐射教育资源，促进教育均衡。先后与厦门市海沧区、湖里区、翔安区和集美区、石狮市联合创办厦外海沧附属学校、厦外湖里分校、厦外翔安附属学校、集美分校、瑞景分校、石狮分校、翔城分校。2018年4月，与厦门二中在二中鼓浪屿校区合办"初中英语实验班"暨厦外鼓浪屿合作校。2005年9月，学校在福建省率先承办了新疆班。2021年9月启用集美校区，提升岛外教育品质，同年，与思明区莲岳学校、厦门十中、连城一中、宁德寿宁一中和下党希望学校、新疆吉木萨尔县二中等合作共建，帮助省内外的薄弱学校薄弱地区提高教育教学质量，促进教育均衡发展；帮扶翔安区新圩镇古宅村，送教下乡迎娃进城，促进乡村教育振兴。党支部、党员名师工作室、党员先锋岗、党员送培送教，发挥了示范引领作用。

第三节　突出特色，推广辐射

一、多语种话党史，讲好中国故事

语言是文化交流的工具。学校共有英语、法语、德语、日语、西班牙语5门外语、近10名外教、124位外语教师，其中半数为党员，外语师资雄厚，外语特色鲜明。

初高中外语支部充分发挥学校外语特色和党员教师外语优势，带头研究和实践在外语教学中融入爱国主义教育、党史学习教育和中国优秀文化教育，在课堂教学中发挥"英语学习"栏目的作用，学习时事热词金句，并开展外语新闻播报、报刊阅读、讲述国学故事等活动，与学生一起用外语讲述中国文化、中国历史、党的历史和经典故事。例如，谢展老师用英语给学生讲述长征的故事；刘伟老师指导学生用德语教外国学生中国书法和剪纸；陈兴老师教学生用西班牙语介绍中国传统武术太极等等。

在外语节和社团活动中，学生借助"国家文化展板"制作、"戏剧之夜"、外语手抄报比赛、MV拍摄、短剧表演等形式，用外语讲述、演绎党的发展历程与中国文化故事。例如，2021年外语节上，学生运用多种语言朗诵诗歌《百年征程》，上演了《党费》《无问西东》《雷雨》等等精彩的英语剧目。独具外语特色的党史学习活动获得了主流媒体的多次报道和充分肯定：2021年5月10日"学习强国"报道了厦外把党史学习教育融入外语节、用外语讲述百年党史的先进事迹，2021年6月28日《厦门晚报》报道了"多语种话党史，讲好中国故事——厦门外国语学校秉承'中国灵魂，世界胸怀'箴言，用心传播中国好声音"的特色活动。生动的内容，灵动的形式，如春雨润物，精准滴灌，让党史学习教育深入师生心中。

学校通过与德、法、英、荷、泰、日等国家的海外姐妹校开展线上合作课程和线下交流项目，把党史学习教育与对外交流活动相融合，共品中华文化、共享中国故事，让全球五大洲十几个国家的29所姐妹校师生更加了解中国和中国文化，努力展现可信、可爱、可敬的中国形象，深化文明交流互鉴，推动中华文化更好走向世界。例如：2020年6月，法语班的党员教师和学生筹集了1200个口罩，还有茶叶、棋盘、书签等一些具有中国特色的物件作为礼物，历经重重困难最终送达姐妹校法国阿兰·沙尔捷高中（邓小平同志曾留学的学校），为万里之外的师生们带去远方的问候；高三法语班学生们"云录制"音乐视频，以歌寄情，同样为法国阿兰·沙尔捷高中送去祝福。此事件经央视《24小时》《新闻直播间》《人民日报》以及福建教育频道、厦门卫视等多家新闻媒体报道，引起社会热烈反响。

厦外作为"中法百校交流计划项目学校"，初中外语科党支部全体党员和学生参加了由中国教育国际交流协会举办的云游中国旅法勤工俭学蒙达尔纪纪念馆云端学习活动。通过虚拟参观技术，了解中国旅法前辈蔡和森、向警予、邓小平、李富春等人在法勤工俭学的生活。中国旅法勤工俭学运动是新文化运动和五四运动的重要组成部分，为推动马克思主义在中国的传播，促进中国共产党的诞生发挥了重要作用。通过重温历史，党员教师和学生进一步坚定了对马克思主义的信仰，对社会主义、共产主义的信念，以及对实现中华民族伟大复兴中国梦的信心。

二、发挥名校优势，辐射党建资源

作为一校三区的办学集团，学校在省内外有8所合作校、多所共建校，还与部队、社区、乡村长期共建。校党委重视合作共建，特别是福建省示范性普通高中建设周期，总是把党建辐射放在首位。

宁德下党乡在习近平总书记的关心推动下，2019年实现了脱贫梦想。学校长期关注下党乡，多次组织党员教师、党员先锋岗、名师工作室送教送培下乡。2021年5月10日，校党委书记、校长谢慧带队，再次奔赴下党希望小学，签订两校结对帮扶协议，并用谢慧校长的本土领军人才专项经费及钱永昌老师"国家万人计划教学名师"专项经费为下党希望学校赠送了一批图书。这是学校作为全国文明校园充分发挥示范引领作用、名校优质资源优势，探索形成优质党建资源、教育辐射机制，帮扶革命老区和山区，进一步提高薄弱学校办学水平，促进教育均衡发展的又一举措。寿宁县副县长黄建恩对本次活动予以高度肯定，盛赞厦外作为名校的责任担当和使命精神，并希望两校密切合作，开拓教育的新模式、新思路，切实提升学校的教学质量。他叮嘱寿宁县教育局要学习厦外先进的教育管理理念，把下党希望学校办成家门口人们满意的学校。

谢慧校长开展了题为"发挥名校资源优势促进教育均衡发展"的主题讲座。谢慧校长首先对"教育均衡发展"做了科学的解读，并提出了"办好家门口满意的教育"的构想，对于两校的"结对帮扶"提出了具体的方案。谢慧校长指出，要从传承红色文化，学习攻坚克难精神；构建书香校园，拓展阅读视野；加强教育科研，提升办学质量；加强队伍建设，提升教师综合素质；实现云端共享，加强线上教研五个方面进行合作共建。

2020年12月，为进一步发挥党员名师先锋岗带动引领作用，以实际行动促进闽东老区教育，党委副书记叶穗灿同志带领钱永昌党员名师先锋岗一行到福建宁德革命老区部分中学指导帮扶，受到当地师生热烈欢迎。先锋岗一行先后到宁德五中、宁德二中座谈、交流。叶穗灿副书记、钱永昌老师分享了厦门特区先进的教学理念和管理智慧，双方还就如何发挥党建引领作用并提高立德树人实效、如何有效提升教育教学质量、如何应对新高考等工作进行了点对点座谈交流，表示在以后要进一步加强交流互动，加大校际合作力度，实现合作共赢。宁德是闽东革命老区，留有多处著名的红色印迹。先锋岗一行也先后参观了"福建省党史教育基地"——霍童镇桃花溪村和霍童暴动旧址，进一步缅怀革命先烈，体验铿锵的革命岁月。这样的交流，既切实发挥了党员名师先锋岗的带动引领作用，又实现了特区与老区互帮互助，相互学习，共同进步。

钱永昌党员名师先锋岗到宁德革命老区交流

2021年4月30日，厦外与龙岩第一中学、新疆吉木萨尔县第一中学联合举行了以"学党史、强信念、跟党走"为主题的"同上一堂团课，共学一段党史"线上学习活动。厦外和龙岩第一中学的学生在各自会场开展活动，表达当代青年学生对伟大祖国、中华民族、中华文化、中国共产党、中国特色社会主义的认同，展现树立高远目标、担当历史重任、为实现中华民族伟大复兴而不懈奋斗的决心。在主会场，学校邀请集美大学马克思主义学院董立功副教授开设了题为"陈嘉庚与中国共产党"的专题讲座。在分会场一，龙岩第一中学邀请古田干部学院、中共龙岩市委党校黄虹老师主讲以"古田会议与才溪乡调查"为题的讲座，新疆吉木萨尔县第一中学学生在分会场二全程参与学习和讨论。一场活动，三地师生参与，同步受益。参加活动的各校学生纷纷表示，要积极学习中国共产党的历史，汲取奋进的力量和智慧，牢固树立为人民谋幸福、为民族谋复兴的理想信念，砥砺前行。

第四节　固本强基，向高致远

一、践行教育家精神，推动大中小思政一体化

习近平总书记2023年在致全国优秀教师代表的信中提出：以教育家为榜样，大力弘扬教育家精神，一是心有大我、至诚报国的理想信念，二是言为士则、行为世范的道德情操，三是启智润心、因材施教的育人智慧，四是勤学笃行、求是创新的躬耕态度，五是乐教爱生、甘于奉献的仁爱之心，六是胸怀天下、以文化人的弘道追求。全体教师要围绕"全面落实立德树人根本任务"这一方向引领，坚持德育为先、学科育人，旗帜鲜明地高唱主旋律；要围绕"努力做'经师'和'人师'相统一的大先生"这一职业标识，奋力攀登，不断跨越；要围绕"让每个学生都有人生出彩的机会"这一人才培养的目标，将传统的教师主体转变为以学生学习为中心，做学生成长的引领者、陪伴者、欣赏者、鼓励者；要围绕"成为终身学习的践行者"这一内涵要求，追求真理、传播真知；要围绕"用大爱书写教育人生"这一大气磅礴的要求，保持敬业乐教、关爱学生的职业热忱和甘为人梯、大公无私的奉献精神，以爱育人，敬业爱岗；要以教育家的大视野、大格局、大情怀、大智慧来武装自己、提高自己，秉持正确的世界观、历史观、大局观，立足三尺讲台，胸怀五洲四海。

习近平总书记在主持中共中央政治局第五次集体学习时再次强调，要"坚持改革创新，推进大中小学思想政治教育一体化建设，提高思政课的针对性和吸引力。"加快建设中国特色社会主义教育强国，要紧扣培养什么人、怎样培养人、为谁培养人这个教育的根本问题和建设教育强国的核心课题，深刻理解和准确把握新时代新征程推进大中小学思政课一体化建

设的重大战略意义。

全面推进大中小学思政课一体化共同体建设，是深入学习贯彻党的二十大精神和习近平总书记关于思政课建设重要论述的具体举措。新时代新征程推进大中小学思政课一体化建设是建设教育强国的必然之举，是落实立德树人根本任务的客观需要，是推动思想政治教育高质量发展的内在要求。学校要大力推动大中小学思政课一体化共同体建设，一是要构建格局一体化。学校要成立思政教育一体化建设工作领导小组，与厦门大学、集美大学马克思主义学院，以及厦外附属小学等结成教科研合作伙伴，统筹规划，同题共答，同频共振。二是要加强队伍建设一体化。强化大中小学思政课教学团队一体化建设，实施大中小学思政教师纵向分组，常态化共学共研，共享教学资源和成果，落实中小学思政课骨干教师高校进修访学制度，为中小学访学教师配备"一对一"导师，制订个性化培养方案。三是推动教材研究一体化。开展大中小学思政课教学内容纵向衔接研究，全面梳理大中小学思政课统编教材，寻找恰当的主题，根据不同学段学生的成长规律和需求，组织大中小学思政课教师开展同课异构、同题异构和同上一堂思政课系列活动，循序渐进推进教学一体化。四是打造实践课程一体化。高度重视实践课程在思政课的作用，结合学生在不同学段的年龄特点和发展需求，设计恰当的实践课程，帮助学生在体验中学习成长。

二、统筹一体推进，促进党建与业务深度融合

校党委坚决履行全面从严治党主体责任，贯彻落实"三重一大"党委会议事规则，牢牢把握意识形态工作的主动权，紧抓党风廉政建设，紧抓党支部的规范化建设和提质量建设，不断促进党建与教育教学的融合。但是在日常工作中，仍有重业务轻党建的现象存在，仍有流于形式的党员学习活动存在，以至于有的党员慢慢失去了先进性的代表。为此，校党委将进一步加大力度，促进党建与教育教学的深度融合。首先是继续坚持"支部建在教研组"，保持支部的凝聚力。其次是培养更多的教研组长、段长、业务骨干到支书和支委队伍中，提升支部的号召力。再次是加强"双培

养",加大对年轻党员在教学和管理上的双重培养,让更多的党员在重要岗位上勇挑重担,同时加强发展党员工作力度,把优秀的人才吸引到党组织中来。要树标杆立典型,充分发挥党员先锋岗的示范引领作用,推进党建工作与学校中心工作、重点任务、日常工作有机统筹,深度融合,始终贯穿,实现党的建设与党的事业的联动发展,相互促进,不断提升教育教学工作水平。

(一)党建引领提升办学成效

1. 把准办学方向,推进深度融合

牢牢把握社会主义办学方向,坚持把政治标准和政治要求贯穿办学治校、教书育人全过程各方面,推动党的建设与学校事业发展深度融合,制订党建引领深度融合方案,把党建工作与人才培养、教育教学、管理服务、队伍建设等学校改革发展稳定任务一体推进,以高质量党建引领推动学校事业高质量发展。

2. 建强基层组织,推动科学发展

各党支部充分发挥政治优势、组织优势和密切联系群众优势,结合校区特点及支部实际情况,制订党支部工作计划,从组织力量、制度安排、激励措施、条件保障、考核评价等方面,为推动重点工作、破解发展瓶颈等创造条件并提供支持。

3. 发挥党员作用,提升办学质量

建立党员教师联系非党员教师、学生制度,及时解决联系对象急难愁盼问题,充分发挥党员先锋模范作用。持续推进"双培养"制度,党员教师以学校为主阵地继续强化"双减"工作,不断提升课堂教学质量和课后服务水平。

(二)党建引领推动德育工作

1. 健全工作机制,实现全员德育

建立党组织领导、校长负责、群团组织参与、家庭社会联动的德育工作机制。加强校园文化建设,营造浓厚宣传氛围,引领师生践行社会主义核心价值观,努力培养德智体美劳全面发展的社会主义建设者和接班人;发挥厦门作为习近平新时代中国特色社会主义思想重要孕育地和实践地的

独特优势，用好生动教材，深化理论武装，切实增强德育工作亲和力和针对性。

2. 加强思政学习，确保德育为先

各党支部深入开展党员教师的理想信念和社会主义核心价值观教育，厚植党员教师爱党、爱国、爱人民、爱社会主义的情感，组织党员认真学习、提高觉悟，引导党员教师把社会主义核心价值观教育深刻融入教育教学全过程，保证"德育为先"办学思想的贯彻落实。

3. 创新德育教学，落实立德树人

党员教师肩负"教书育人"双重责任，要将德育工作渗透到教育教学全过程，以社会主义核心价值观教育为引领，在教育教学中厚植学生爱党、爱国、爱社会主义情感。结合学生身心发展规律和五育融合特点，积极提升实践育人成效，用好用活厦门红色教育资源，把德育工作贯穿于学生的各项实践活动。

(三) 党建引领增强教师队伍建设

1. 提升政治素养，发挥示范作用

建立健全教师思想政治和师德师风建设长效机制，提高教师的政治意识、政治能力，推动教师以德施教、以德立身。进一步强化教师招聘的思想政治素质考察，建立和推进实施教职员工准入查询制度，健全标准、规范程序，把好入职第一道关口。健全教师培训体系，将习近平新时代中国特色社会主义思想融入教师培养培训课程，将习近平总书记关于教育的重要论述列为必修课程。

2. 加强队伍建设，发挥引领作用

各党支部要加强党员队伍建设，突出政治标准，注重做好发展党员工作，健全把教学科研管理骨干培养成党员、把优秀党员培养成教学科研管理骨干的"双培养"机制，实现党员教师中的骨干教师比例明显提升。要广泛开展"党员名师先锋岗"创建活动，进一步优化创建计划，以党员先锋岗的形式，鼓励和支持党员名师在各自领域发挥示范引领作用，做到岗位目标明确、工作措施有力、示范作用明显。

3. 推进层级成长，发挥领航作用

党员教师要以"党员名师先锋岗"创建为契机，党员教师紧跟"骨干教师—学科带头人—专家型教师—卓越教师"名师培养机制和"新任班主任—骨干班主任—班主任带头人—专家型班主任"成长路径，积极提升专业技能，年度党员教师跨层级发展取得成效，实现教学科研双提升。

(四) 党建引领促进文明创建

1. 加强班子建设，提升创建能力

校党委领导班子强化思想政治建设，扎实推进学习型、服务型、创新型党组织建设。加强教师党员队伍建设，坚定不移执行党的路线、方针、政策。要切实贯彻落实中央八项规定精神及其实施细则，"四风"问题得到有效治理，主题教育活动取得成效。

2. 加强阵地建设，提升创建环境

各科室、各党支部充分利用教室走廊、墙壁、校园文化墙等载体，营造浓厚的创建氛围。丰富活动阵地内容，以学生喜闻乐见的形式陶冶学生情操、美化学生心灵、启迪学生智慧。

3. 加强文化建设，提升创建氛围

党员教师积极参与优良校风、教风、学风建设，在教学活动中运用校训、校史、校歌、校徽、校标等校园文化符号，激励学生爱学校、爱学习，共建校园文明。积极拓展校园文化建设新载体，充分发挥网络作用，结合学科教学，开展形式多样、内容丰富的校园网络文化活动。

(五) 党建引领保障安全稳定

1. 落实领导责任，健全组织保障

校党委认真学习贯彻习近平总书记关于安全生产重要论述、重要指示批示精神，精准把握核心要义，严格按照"党政同责、一岗双责、齐抓共管、失职追责"要求，落实综治安全管理目标责任，建立健全安全工作机制，定期召开学校安全形势分析会议，研判校园安全管理风险，彻查彻治隐患问题，有效防范和遏制学校安全事故，保障校园师生生命安全。

2. 落实帮扶责任，加强心理疏导

各科室、各党支部要配合学校做好心理高危学生定期排查和联防联控机制，建立心理健康结对帮扶机制，发挥支部中党员班主任、思政课教师、心理健康教师的作用，实行"一对一""一对多"帮扶，及时疏导学生的心理压力和不良情绪。

3. 落实预防责任，形成全员防控

党员教师要积极参加校园安全防控志愿服务，当好交通安全督导员、消防安全宣传员、防溺水安全信息员、护校安园勤务员等，有针对性地开展预防犯罪和防欺凌教育，以时时放心不下的责任感和事事落实到位的执行力，将学校安全各项工作抓严抓实抓细。

（六）党建引领增强制度建设

1. 加强党的领导，构建治理体系

全面贯彻新时代党的组织路线和党的教育方针，坚持和加强党对教育工作的全面领导。健全发挥校党组织领导作用的体制机制，建立完善与党组织领导的校长负责制相适应的学校章程、规章制度，构建科学有效的学校治理体系。

2. 加强组织建设，健全运行机制

将党支部建在学科教研室、职能部门等业务部门，培养"双带头人"党支部书记，树立党的一切工作到支部的鲜明导向，注重把思想政治工作落到支部，把从严教育管理党员落到支部，把群众工作落到支部。认真落实"三会一课"、民主生活会、组织生活会、谈心谈话、民主评议党员和请示报告等制度，严格按规定程序、步骤、内容、要求等落实到位，确保不打折、不走样。

3. 加强党员管理，完善培养制度

进一步优化党员队伍结构，注重从高知识群体、先进模范人物、高层次人才特别是青年高层次人才中发展党员。加强对新晋青年教师、优秀教职员工、名师、行政管理人员的政治引领和政治吸纳，及时将他们纳入入党积极分子后备队伍，加强日常培养教育，积极引导他们主动向党组织靠拢，有效提升发展党员后备队伍的质量。进一步提升党务干部业务能力，通过参加市级培训、组织校级培训、线上线下相结合等，确保每年党务干部培训全覆盖。

第二章

思政激活能量，德育催人奋进

第一节 体系鲜明，亮点突出

一、形成"进德"课程体系

厦外的学生思想品德教育工作，以习近平新时代中国特色社会主义思想为指导，认真贯彻落实《中共中央国务院关于进一步加强和改进未成年人思想道德建设的若干意见》《中小学德育工作指南》等有关文件精神，进一步加强德育工作队伍建设，着力培养学生的爱国爱党精神和社会责任感。

在厦外"进德修业"育人课程体系的整体设计中，以思政引领、实践内化为两条教育路径，在理想信念、生命教育、文化自信、生态文明、服务学习、民族融合六个主要维度上，全面规划，深入落实，坚持立德树人，为党育人，为国育才，以红色基因奠基德育文化，培根铸魂育英才，深化爱国主义、集体主义、社会主义教育，着力培养担当民族复兴大任的时代新人。

厦外"进德修业"的育人课程体系

二、形成实践德育特色

为了以"实践内化"路径促进学校德育工作扎实有效开展，促进学生思想进步、多元发展、全面成长，多年来，学校在德育工作中积极创造实践机会，促使学生在德育实践活动中知行合一，在理想信念教育、生命教育、社会服务和实践能力提升的教育等方面实践感悟。在多年的实践德育课程建设中，学校已经形成系列实践平台，打造精品项目，部分项目在省市范围形成较大影响，得到广泛认可。

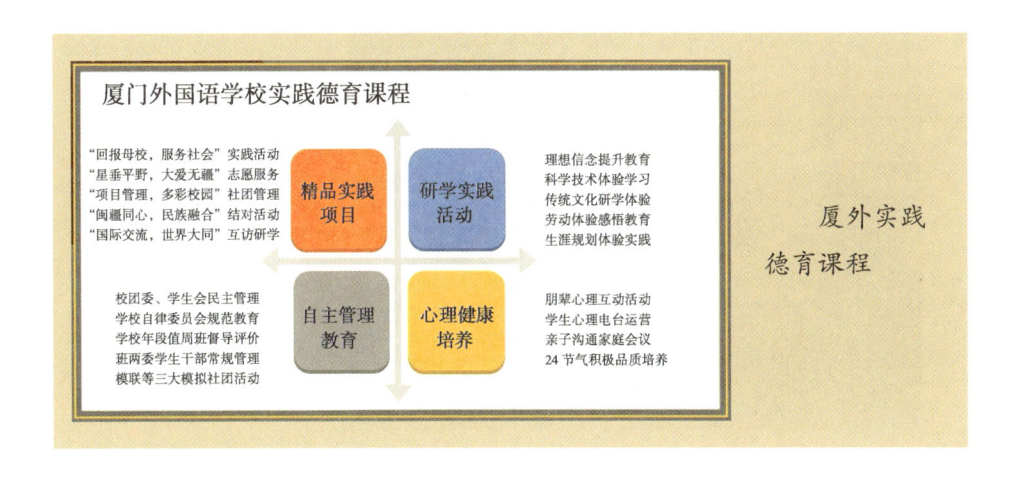

厦门外国语学校实践德育课程

"回报母校，服务社会"实践活动
"星垂平野，大爱无疆"志愿服务
"项目管理，多彩校园"社团管理
"闽疆同心，民族融合"结对活动
"国际交流，世界大同"互访研学

精品实践项目

研学实践活动

理想信念提升教育
科学技术体验学习
传统文化研学体验
劳动体验感悟教育
生涯规划体验实践

校团委、学生会民主管理
学校自律委员会规范教育
学校年段值周班督导评价
班团委学生干部常规管理
模联等三大模拟社团活动

自主管理教育

心理健康培养

朋辈心理互动活动
学生心理电台运营
亲子沟通家庭会议
24节气积极品质培养

厦外实践德育课程

三、培育优秀德育项目与德育队伍

多年来，学校以德育为先，在德育工作项目中培育精品，德育工作获得国家、省市荣誉，队伍里也出现一批优秀的教师。厦外是全国国防教育特色学校、福建省中小学心理健康教育特色学校，2019年，学校德育建设项目"发挥校园文化育人作用，促进新疆学生健康成长"获评福建省中学德育建设"十佳百优"示范建设项目；2022年，学校获评"全省民族团结进步重点单位"。

积土成山，积水成渊，学校德育工作者们长期的努力取得了丰硕的成果。"中国民族民间舞蹈"项目入选教育部"第三批全国中小学中华优秀传统文化传承学校"名单；学校家庭教育案例入选2022年福建省家庭教育特色项目名单与2022年厦门市家庭教育典型案例名单，学校也成功入选厦门市家庭教育特色学校名单；2022年福建省、市"五项特色项目"评选频传捷报，学校共有三项项目入选省级名单，三项项目入选市级名单，六项特色项目全部入选，德育工作实现新突破；德育案例"强国复兴有我，奋斗成就梦想"入选福建省"一校一案"落实《中小学德育工作指南》典型案例，陈宇诗老师、王杰斯老师的课例入选福建省第四批中小学思想政治理论课示范课名单。

陈宇诗老师的思政课

第二节 全员育人，实践内化

一、思政引领培根铸魂，课程构建启智润心

学校开展多形式思想政治教育，师生坚决拥护中国共产党的领导，深刻领悟"两个确立"的决定性意义，增强"四个意识"、坚定"四个自信"、做到"两个维护"。

（一）明确德育课程目标，突出德育顶层设计

学校围绕德育目标，进行德育顶层设计。在"进德"课程体系指导下，构建每学期德育活动框架，编订系列思政德育校本教材，如《立德树

人进德修业——厦门外国语学校教师德育工作艺术入门课程》《厦门外国语学校生涯劳动及爱国教育日课程设计》《厦门外国语学校寒假实践手册》《厦门外国语学校暑假实践手册》等。

(二)发挥学科育人功能,挖掘课程德育资源

学校德育、教务、教研部门密切配合,围绕课程目标,充分利用时政媒体资源,精心设计教学内容,部分教师的思政课程获评"厦门市中小学思想政治理论课示范课"。思政组开展"党史教育入课堂""党员教师讲党史"等教学活动,语文组开展"红心向党"爱国诗词朗诵、爱国主义演讲活动等"五社"活动,广受好评;外语组发挥外语特长,指导编写英语短剧,用外语讲中国故事,在戏剧中深入感悟,强化认同,开展的"用外语讲述百年党史"活动得到"学习强国"等主流媒体报道。

"我和我的祖国"主题班会

(三)不断丰富德育平台,开发德育特色课程

为强化思政育人之效,学校以"鹭潮宣讲"为平台,组织了系列化思政主题实践活动,如:引导学生在探寻家乡变化中树立"四个自信",在感悟党的领导中培育政治认同,在百年未有之大变局中讲好中国故事;实施"强国复兴有我,奋斗成就梦想"校本德育课程,开发"胸怀千秋伟业 恰是百年风华""厦门精神"两大红色德育课程,在校园中营造学史明理、学史增信、学史崇德、学史力行的氛围,引导学生扣好人生第一粒扣子,培根

铸魂、启智润心。

(四) 落实主题教育活动、发挥文化育人作用

学校少先队、团委、德育科常年组织"青春心向党"系列活动：如"少年团校"开展"忆峥嵘岁月，谱奋斗新篇""初心、奋进、腾飞"主题团课、"请党放心，强国有我"建队仪式、清明祭英烈线上线下主题活动、"我们都是追梦人"班歌比赛、红五月系列活动等。学生社团活动多姿多彩，塑造健康人格，丰富精神世界，模联协会连年参加全国各大名高校模拟联合国大会，成绩斐然，学生国际视野得以拓展。学校组织师生收听收看党的二十大会议盛况，学习党和国家领导人重要讲话，学习习近平新时代中国特色社会主义思想；组织观看《天宫课堂》第二课、第三课，提升学生的民族自豪感；观看《长津湖》等爱国教育系列影片，邀请抗美援朝志愿军战士的孙女为师生讲述革命先辈的故事，进行生动的国防教育，增强师生国防观念。

中国音协管乐学会主席于海老师开展"我们的国歌"讲座

为强化理想信念教育，学校常年组织开展主题研学活动，如到英雄三岛、高山党校、革命英雄纪念碑、灯塔公园等地进行参观学习。另外，还组织学生到华侨博物馆、陈嘉庚纪念馆进行志愿服务、研学实践等。在主题研学中，学生更加深刻感受到中国共产党带领中华儿女百年奋战，为中

国人民谋幸福、为中华民族谋复兴的初心使命与伟大历程，更加坚定青春心向党、强国有我的决心。

厦外开展研学实践课程

二、志愿服务实践育人，社会参与崇德尚美

学校常年围绕文明校园建设，常态化开展学生志愿服务实践活动。学校深耕"文明家校路，最美厦外人"文明实践活动，保送生"回报母校，服务社会"主题实践活动、关爱孤独症患者儿童的系列活动等，均广受认可，创出品牌。

（一）"回报母校，服务社会"主题实践活动

每年2月，学校都有100多位保送生被"清北复交"等知名大学预录取，学校为他们量身定制"回报母校，服务社会"主题实践课程。

实践前，学校提前联系各实践基地，了解需求，安排"实践基地宣讲会"，由负责人向保送生们介绍基地的学习和实践课程；学校也为保送生们安排了丰富、实用的培训课程，包括"礼仪培训""社会实践调查""主题实践报告撰写"等内容，为保送生参与社会实践打下坚实的技能基础。

保送生"回报母校，服务社会"实践课程内容自选表

（一）回报母校实践活动（A项）（必选）	
A1	向小学/初中/高中老师致感谢信、母校探访（每人必做）
A2	进社区社会实践活动（每人必做）
A3	参加统一培训，协助初招、中招咨询和宣传工作（每人必做）
A4	参加年段导优辅差工作（每人必做）
（二）回报母校（B项）服务社会（C项）	
B1	保送秘籍制作小组　6人
B2	毕业年册制作小组　6人
B3	外语节、毕业典礼、成人礼等校园活动小组　12人
B4	初中部支教小组　6人
B5	高中部图书馆辅助小组　6人
B6	高三年段、初三强基班、国际交流小助手　6人
C1	厦外海沧附校支教小组（策划开展2—3次学生活动）　4人
C2	嘉庚纪念馆　10人
C3	厦外瑞景分校支教小组（策划开展2—3次学生活动）　6人
C4	海沧中心小学支教小组（策划开展2—3次学生活动）　6人
C5	厦门二中鼓浪屿英语实验班支教小组（策划开展学科文化节）　6人
C6	科技馆实践活动　5人
C7	市图书馆实践活动　5人
C8	华侨博物院（义务讲解）　6人
C9	诚毅科技馆实践活动　6人
C10	福建省随心助残公益服务中心　8人

实践时，各志愿服务分队进入实践基地进行服务；他们在活动过程中，更深入地学习党史等"四史"知识，感悟革命精神，提升了志愿服务、奉献社会的精神，锻炼了沟通、协作、组织、领导能力，更重要的是他们用自己的行动影响着周围的人。

实践后，各实践小组做总结报告，分享心得，促进成长，做项目提升分析，推动项目逐年完善。他们将实践的所见所闻所感整理成社会实践报告，并把这份报告带到大学，作为送给大学的见面礼。

17年来，学校年均派出100余名保送生志愿服务团队，年均志愿服务时长17000多个小时，年均服务人数达20000人，服务场所覆盖各大公益科普机构及部分生源薄弱学校。保送生们以热情的笑容和真挚的情怀，展示了青年学子追求知识、提升能力的自觉和勇于奉献的精神风貌，通过丰富的志愿服务收获了与众不同的成长感悟，为走过成年之门的青春画卷增添了一抹亮色。

（二）"星垂平野，大爱无疆"志愿服务活动

我国有超过1000万的孤独症人群，其中孤独症儿童超过200万，他们生活在自己的世界，独自闪烁，他们被称作"星星的孩子"，简称"星宝"。

"星光灿烂"公益活动

自2009年开始，为广泛宣传孤独症并科普孤独症相关知识，帮助同学们科学认识孤独症，理解孤独症儿童家长所面对的困难及挑战，塑造包容和理解、接纳和尊重孤独症儿童的公众意识，培养学生社会责任感、发挥志愿服务力量、提高社会实践能力，学校每年组织开展"星垂平野，大

爱无疆"系列志愿服务活动，该系列志愿服务活动已连续开展14年，从最开始的独立开展活动，发展到吸引了十几所兄弟学校学生参与，产生了广泛的影响，取得了良好的效果。"星垂平野，大爱无疆"志愿服务活动主要形式有："星垂平野，大爱无疆"关爱孤独症儿童大型义演义卖活动、"心行"爱心公益跑活动、"星光"微电影拍摄、"星陪"孤独症患者陪护、"蓝丝带"关爱行动等。

其中，"星陪"志愿服务队，是经过多年的合作、在学校志愿者对"星宝"的理解和用心得到星星月季花园的认可后，在2022年成立的。志愿者们以陪伴"星宝"的志愿服务为主要内容，关怀和温暖着"星宝"，与"星宝"们慢慢了解彼此，建立心灵联结。学校"星陪"志愿服务队已为星星月季花园的"星宝"们提供了13次陪伴服务，志愿者达200余人。

通过"星陪"活动，星宝们在丰富的活动中感受到理解和温暖，师生志愿者们收获巨大的感动和成长；"星陪"志愿服务受到星星月季花园工作人员的一致好评，为相关活动进行了报道。

在关爱孤独症患者儿童的系列活动中，厦外学子秉持助人为乐的初心，践行志愿服务的精神，为星星的孩子点亮爱的星光。带领更多的校园"星陪"志愿者们，在陪伴"星宝"的路上，点亮星光，照亮"星宝"的世界。

三、自我管理提升能力，社团活动多元发展

学校重视为学生自我教育、自我管理、自我服务、自我提升搭建平台，创造机会。厦外的师生在多年的探索中不断完善提升相关制度，强化了校级团委学生会、社团管理委员会、学生自律委员会、学校值周班、年段学生督导队、班干部队伍三级自主管理工作，增强了学生工作规范化制度建设和指导。

（一）班长论坛，群策群力

为培养学生的管理实践能力，学校开展了班长论坛、班干部述职活动等学生干部交流活动。比如，学校举办的班长论坛，针对"如何做一个优

秀的班长""如何协助管理班级，如何加强班委会建设""如何增强班级凝聚力""如何形成班级特色"等一系列令学生干部十分困惑的问题展开了探讨。班长们在论坛上分享各班管理经验，也提出一些棘手的问题，集思广益，共同思考解决方案。班长论坛上将选出当日的"最佳班长"并分享理由，更"不留情面"地让大家点出"划水班长"并给出修改建议。相关论坛的举办，提升了学生自主教育、自主管理、自主服务的意识和能力，也有助于学生文明习惯的养成。

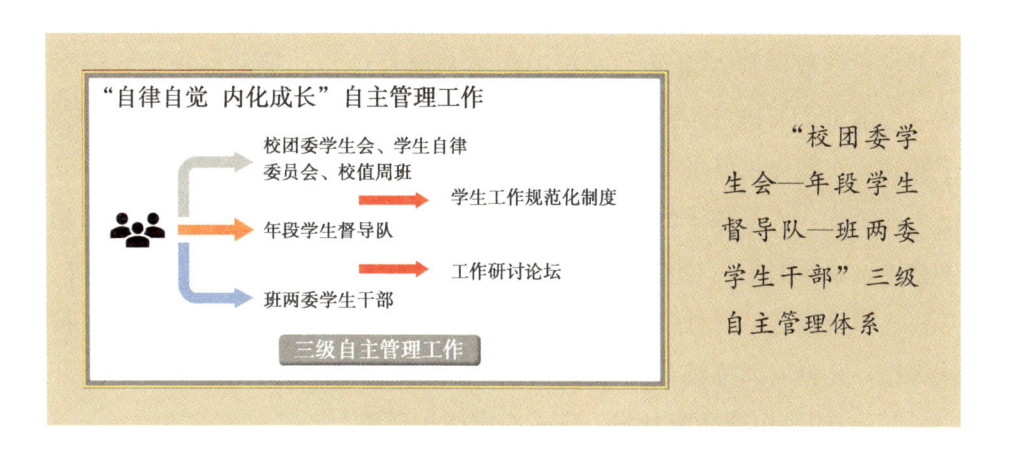

"校团委学生会—年段学生督导队—班两委学生干部"三级自主管理体系

（二）社团活动，异彩纷呈

学校的社团活动丰富多彩，社团管理科学有序。学校三校区各有丰富的学生社团，科创类、艺术类、文学类、体育类，各类社团统一管理，科学评价，各有特色，精彩纷呈。学生在社团申办、运营和活动组织、参与过程中，既增长了见识，又培养了组织协调能力与责任意识，进一步实现了自身多元能力的发展。

四、家长学校协同育人，积极心理心育导航

（一）办好家长学校，激发教育协同动力

学校建立班级、年段、学校三级家长委员会，加强家长委员会组织的建设，家校共育，协同育人。学校积极听取家长委员会意见，开展线上家庭教育讲座，并邀请家委参与校园开放周，组织家长监督校膳食委员会工

作，力求家校合作，切实提升学校管理水平。

"家校协同育人"具有"立足高位，深悟家庭教育重要性""规范机制，保障家庭教育常开展""有序组织，继承家校协同好传统""课题引领，开阔家庭教育新思路""拓宽渠道，探索家庭教育新模式"五大优势特色。为进一步推进家庭教育指导工作，提升家庭教育的质量和水平，学校依托多年德育实践经验，积极探索新时代家庭教育新模式，着力构建"家校社"协同育人机制，努力做到家长成长、学生成才、学校发展，实现三者和谐共赢。学校运用心理学的方法提升家庭教育品质，开发了线上线下家长学校课程，组织了家长工作坊和家长论坛，推动实施德育导师制，力求将全员德育工作落实到位。生涯体验活动中，家长们无条件为孩子的社会实践提供各种资源；青春期家庭教育工作坊中，家长们放下固守已久的观念，代入孩子的角色去真正感受和理解孩子的内心；家庭教育读书会中，家长们每一个直面内心的分享都充满了勇气和智慧。除此之外，学校还积极推进"进社区，进家庭"活动，常态化推进德育团队进社区帮扶工作，充分发挥家校社协同育人的无限生命力。

（二）加强心理健康教育，守护心灵成长环境

学校认真贯彻教育部《关于加强中小学心理健康教育的若干意见》，从营造积极的校园氛围、构建七级学生关爱团队、提高教师心理健康素质、探索朋辈心理互助模式四个维度探索学校心理健康教育模式。学校心理健康教育也取得了喜人的成绩。其中，初高中积极开展"525厦外心理健康节"和"遇见阳光遇见爱"主题活动，这些活动均获得媒体广泛赞誉；学生的漫画作品《自律防疫，包容互助》也斩获了厦门市第一届中小学心理漫画大赛一等奖。

1. 建立学生心理危机预防和干预机制，构建七级关爱团队

学校成立学生心理危机预防和干预工作领导组，下设年级工作组。领导小组全面负责学生心理危机预防和干预工作，保障心理健康工作常态化、规范化运作。建立健全"班级—年级—学校"三级心理健康预警机制和突发事件上报机制。开展全员暖心谈话、全员家访，落实特殊学生七级关爱制度，全覆盖走访特殊学生家庭。每月一次由分管副校长主持德育工

作联席会议，对三校区师生德育与心理健康工作作具体的汇报，推动下阶段相关工作。心理健康教育中心在开学初对全体学生进行心理普查，建立"一生一档"。通过"校级领导—中层干部—段长—班主任—科任—心理老师—家长"七级关爱团队，开展特殊学生"一生一策"的关爱帮扶，及时跟进学生的情况，保障关心关爱举措落到实处。

2. 普及心理健康知识，营造积极的校园环境

心理健康中心与医务室定期进行心理知识科普介绍，并利用家校平台，举行青春期专题专场家长会，通过各种讲座、宣传展板普及心理健康知识，帮助学生疏导心理问题。对于出现心理问题的学生，及时上报，形成联动管理。定期发布"心理课堂"、定期开展心理健康宣传教育活动。面向学生的活动形式主要有：心理团队素质拓展活动、心理班会活动、心理委员培训、学生心理讲座等；面向教师的活动形式主要有：主题讲座、研讨会、读书会等。

3. 发挥朋辈力量，探索心理互助模式

心理组探索朋辈心理互助模式，由每个班级2位学生成立校级心理委员团队，加强心理委员培训，加强学生心理健康的自我意识与自我教育。每月开展一次团辅活动，每两个月由心理委员在班级开设一节心理活动课，平时组建班级心理小分队，心理委员在心理老师的指导下策划开展心理节活动。通过朋辈引领，学生互相关怀，及时交流，有效减少了特殊心理危机的发生。

五、校本研修情智共生，队伍建设与时俱进

为培养与加强德育队伍，学校开发了"德育培训"系列课程，并编制了校本教材，如《立德树人，进德修业——新任班主任专业基本功入门课程》《高一劳动教育校本教材》《高二劳动教育校本教材》《新高考模式下学生发展选课走班指导手册》等，探索出一条"德育为先，五育融合"的实施路径。

班主任是学校德育建设的重要力量。学校积极开展班主任常态化培

训，组织班主任基本功大赛、班主任专业技能大赛、新任教师岗前德育专场指导，切实提升班主任工作技能和工作水平。

德育科开展班主任工作培训

初高中德育例会实现制度化，并突出主题。三校区推选优秀德育代表，针对相关主题，一月一次专项研讨。如"德育与教学质量双翼齐飞""校区融合、家校协同、减负提质促发展""踔厉奋发，一起向未来""扛稳责任见实招"等专题研讨及培训，从理论和实操两个维度增强学校德育工作的文化力量和实效性，有了传帮带，年轻班主任成长快。郑昌岭老师在厦门市班主任技能赛中获二等奖，8位教师获得厦门市班主任技能赛二等奖，侯茜茹老师获市"童心向党"优秀班会课二等奖。

六、加强民族团结教育，铸牢中华民族共同体意识

2005年，厦外作为福建省首批承办新疆班的两所学校之一，成立新疆班工作领导小组，举全校之力，做好新疆班教育教学和管理工作，以铸牢中华民族共同体意识为主线，以教育促进民族团结进步。

每年接收来自新疆各地的优秀学生40余人，学生民族成分有维吾尔族、汉族、回族、哈萨克族、柯尔克孜族、蒙古族等10余个民族。学校关心关爱各民族各地区的学生，加强统一教育管理，不断加强学生对伟大祖国、中华民族、中华文化、中国共产党、中国特色社会主义的认同。校

园里，各民族学生广泛交往、全面交流、深度融合，他们共同学习、一起生活、友爱互助、多元成长、全面发展，民族团结教育取得了丰硕的成果。2021年6月，学校成功承办福建省首次全省新疆班工作交流会议与教学开放活动，民族团结相关课程和具体工作得到与会领导嘉宾的高度认可。

（一）思想教育培根铸魂，铸牢中华民族共同体意识

党的十八大以来，习近平总书记反复强调大力培育和铸牢中华民族共同体意识，2019年9月在民族团结进步表彰大会上第一次将其概括为新时代民族工作的主线；2021年中央民族工作会议将其确定为新时代党的民族工作主线，进一步阐述了铸牢中华民族共同体意识的基本内涵、重大意义与四个"必然要求"。学校组织新疆班学生参与多形式的思想政治学习，读书研学活动，学习党史，感悟精神。

学校积极组织"石榴读书社"活动，为"石榴读书社"采购红色经典书籍，党委书记、校长谢慧老师带领师生学习党史、学习习近平总书记重要讲话精神。2022年，新疆班学生雷纳德（维吾尔族）等6位学生提交入党申请书。学校组织2022年国庆节"喜迎二十大，向国旗敬礼"等系列活动，得到人民日报、新福建媒体的转载报道。

（二）积极开展融合工作，促进各民族交流交往交融

2019年8月，学校在省内首开将新入学新疆生直接混合编班到本地班中实现全员混班的教学模式，通过共同参与多样的班团活动和学校社团活动，让团结、友爱在各班蔚然成风。

学校每年安排优秀教师队伍，与新疆班学生结对子，并担任学生宿舍导师，为学生提供思想引导、生活指导、学习辅导、心理疏导。师生结对子活动常年开展，学校领导老师陪伴孩子过春节除夕夜、过中秋团圆日，陪伴新疆班学生过集体生日，期许未来。学生回疆返校，学校组织老师分批接送，全程陪护，师生情谊在千里行程中不断深化。

校党委书记、校长陪伴新疆班学生参加成人仪式

  学校常年开展本地生和新疆班学生"手拉手"结对子活动。厦外本地生经常邀请新疆学生到家中，尤其是中秋节、春节等，新疆班学生会到厦外本地生家中感受节日氛围。在结对子活动中，新疆班孩子更深入了解了厦门，本地家庭也了解了新疆的风土人情。有的新疆班学生毕业之后，还保持与本地生家庭的联系，新疆生家长与本地生家长也结了亲戚，他们经常互动，2022年暑期，本地生结对子伙伴更是被邀请到新疆班学生家中做客。民族团结进步的思想，中华民族共同体意识，不仅在新疆班孩子的家庭中更深厚，也在厦门这一全国文明城市得到更广的宣扬。

厦外本地生受邀到新疆班学生家中做客

（三）暖心关爱精准帮扶，加深师生情谊助学子成长

新疆班有许多家庭经济困难学生，为使学生"经济有保障、生活有尊严、发展有空间"，学校通过多种方式了解学生家庭困难情况，开展相关资助工作。除了发放国家助学金外，还通过学校基金会、引入企业资助以及接受共建单位、本地生家长、学校教师、学校校友团队结对子助学行动等，帮助更多的学生健康成长。2022年，为帮助患脑垂体瘤的学生得到优质医疗资源的帮助，学校联系厦门市教育基金会，为学生争取到人民币10万元的爱心企业医疗补助。

学校家委为新疆班学生捐赠防疫物资

（四）家校共育，促进共同体意识闽疆流淌

家校共育是促进学生成长的重要保障，尤其是对于新疆班学生而言，他们既有一般学生的共性，更有其学习基础相对薄弱、汉语言能力相对较差的特殊性，适应厦门生活、融入闽南文化需要一个过程，而父母长期不在身边，家校共育面临诸多现实困难。学校建立新疆班学生班级家委会，借助家委会开展家校协作，共同进行思想教育。2020年初的一段特殊时间，新疆学生较长时间待在学校，不能外出。学情问题、心理问题时有出现，此时，家校沟通显得尤为重要。但由于学生家长远在千里之外，因此，学校通过网络，采用腾讯会议等方式与家长沟通，开展线上交流，将

学生的情况一一在线反馈给家长，让家长参与到孩子的教育管理中来。在家长会上，新疆科老师、班主任介绍国家办学政策、学校的办学情况，班主任介绍班级管理情况、学生学习生活成长情况。家长纷纷表示感谢党和国家的惠民政策，感谢福建省、厦门市相关领导、学校领导教师的温暖关怀。中华民族共同体意识在家校交流中不断强化，美好情感在闽疆流淌。

2022级高一新疆班线上家长会

第三节　精选案例，五育并举

一、传承雷锋精神，赓续青年使命

2023年3月，学校举行"学雷锋"主题月暨2023届保送生"回报母校，服务社会"主题实践活动启动仪式。

2023年是毛泽东等老一辈革命家为雷锋同志题词60周年，为深入学习宣传贯彻党的二十大精神，贯彻落实习近平总书记近日对深入开展学雷锋活动作出的重要指示精神，3月5日下午，学校学雷锋主题月暨2023届高三保送生"回报母校，服务社会"主题实践活动启动仪式在厦外海沧校区千人礼堂举行。共青团厦门市委副书记王小帅，市教育局德育处处长许志坚，海沧区嵩屿街道办事处副主任郭翔宇，市公安局嵩屿派出所所长陆陈炜，共青团厦门市委学少部副部长吴琦，校党委书记、校长谢慧，副校长江礼平、副校长郑远鹏、副校长周毅，与家长代表、全体保送生及高二学生代表共同参加启动仪式。

"学雷锋"主题月启动仪式，校领导为实践服务队伍授旗

志愿服务一直是厦外师生身体力行的优良传统。在保送生志愿服务队之外，学校还有学雷锋志愿服务队、党员志愿服务队、家长义务交警志愿服务队和星光志愿服务队等队伍。

厦外学雷锋主题月暨2023届保送生"回报母校，服务社会"主题实践活动正式启动，并在厦外三校区同时开展了"传承雷锋精神，赓续青年使命"主题活动：

（1）2023届保送生"回报母校，服务社会"主题实践活动。

（2）讲雷锋故事，书雷锋日记，领会雷锋精神内涵。

（3）唱雷锋歌曲，看雷锋电影，弘扬新时代雷锋精神。

（4）立足校园学雷锋，做最好的自己。

（5）走进社区学雷锋，展青少年风采。

(6)"星垂平野 大爱无疆"志愿服务。

在各级领导单位关心指导下，学校持续开展形式丰富的学雷锋系列工作，让学雷锋志愿服务代代传承，让雷锋精神在新时代绽放更加璀璨的光芒。

二、2022年国庆节新疆班系列活动

为响应"培养德智体美劳全面发展人才"的号召，落实立德树人的根本任务，丰富校园生活，在祖国73周年华诞和党的二十大召开之际，学校新疆科举行了"喜迎二十大，五育并举促发展，同心共筑中国梦"的系列主题活动，新华社为此转发了2022年国庆节新疆班系列活动部分报道。

德——思政树人培根，观影立德铸魂。"青春献礼二十大，强国有我新征程。"2022年是中华人民共和国成立73周年，又适逢党的二十大胜利召开。为深化思想政治教育，传承红色基因，引导学生坚定信仰，以只争朝夕的拼劲、锲而不舍的韧劲、敢为人先的闯劲投入学习与生活，新疆科开展了观爱国电影、与国旗合影、主题思政课、集中收看中国共产党第二十次全国代表大会开幕等活动，用实际行动迎接党的二十大胜利召开。

智——启智润心赢未来。苏霍姆林斯基说过："真正的智育能指引人去认识生活的全部复杂性和丰富性。"智育在"五育"中起着前提和支撑作用。为了帮助高一新疆班学生更好地融入高中生活，适应现在的学习和生活节奏，启智润心，建立积极健康的心态，新疆科于2022年10月7日开展了题为"喜迎二十大，启智润心赢未来"心理健康讲座。

心理讲座结束后合影

体——强体育精神，展青春风采。青春正当时，青年当有样。为提高学生体质健康，培养学生良好的锻炼习惯和健康的生活方式，强化体育的育人功能，强健体魄，铸时代精神。新疆科于2022年10月1日开展了趣味运动会和篮球赛。该活动本着让更多学生参与的原则，旨在培养学生敢于拼搏的集体主义精神和团队协作的智慧。以趣味性运动项目为主，融合了竞技、智慧和团体协作，提供了"快乐运动"的平台，提供了"增进友谊，磨炼意志"的舞台。当今少年热血沸腾的青春，正是英烈前辈们当年的梦想，更是对党的二十大最好的献礼。

趣味运动会剪影

美——传承扎染文化，感受非遗之美。"纯粹之美育，所以陶养吾人之感情，使有高尚纯洁之习惯，而使人我之见、利己损人之思念，以渐消沮者也。"美育作为五育并举中的重要一环，它的本质在于使人理解自然和社会之美，理解人与人之间的关系之美，在于培养发现美的眼睛，在于培养美的创造力。扎染是中国民间传统而独特的染色工艺，在我国已有数千年历史，是中国传统的手工染色技术之一，被列为国家级非物质文化遗产，是中华文明的组成部分之一。为了提高学生的审美能力，加深学子对美的感悟，为他们提供展示的平台，新疆科于2022年10月16日开展了扎染手工课。这次活动让学生初步了解了传统的扎染工艺，并动手亲身感受中华传统文化的神奇和魅力，培养做好中华传统文化传承人的意识。

学生扎染
作品展示

　　劳——劳动践初心。"童孙未解供耕织，也傍桑阴学种瓜。"劳动能为自己带来快乐，也能为别人带来幸福，它是世界上一切快乐和美好事情的源泉。宿舍劳动管理也是学校劳动教育的一个组成部分，而住宿是锻炼学生自主、自立、自理，学会包容、谦让、互助、合作的好平台。每天生管教师会指导、督促学生进行宿舍劳动，并从内务、卫生、纪律、熄灯四方面进行评分，评出每月"星级宿舍"。每周住宿生会进行大扫除，学生们安装蚊帐、洗晒被子、打扫房间，提高劳动能力，培养自立自强精神。

住宿生进行
宿舍劳动

第四节　师生共进，做大格局

新时代的德育工作，应更着眼于人的培养，在培训和实践中，提升师生能力；在阵地建设中，凝聚民族精神，加强大中小幼德育一体化建设，共同为实现中华民族伟大复兴的中国梦而不懈奋斗。

一、完善培训课程，提升德育队伍专业化水平

为适应新时代学生发展需求，需要不断提升德育队伍专业化水平。接下来，学校将通过专家理论引领、设立校本课程、建立学校班主任工作坊、增强班主任师徒结对指导等方式，完善系列培训课程，在培养骨干班主任、班主任学科带头人等方面继续努力，以高质量的德育队伍培育成果，为学生成长成才的德育工作提供更有力的保证。

二、完善实践课程，提升学生自我管理能力

要深入做好学生思想道德教育工作，就应不断提升学生自我认知、自我反思、自我教育、自我管理、自我提升、自我服务的主动性和责任感。学校将建立更完善的教育和管理制度，如定期举行项目研讨会议、工作反思提升会议等，为优秀的学生干部创造提升能力的平台，不断提升学生自我管理服务水平，提升学生文明素养，积极培养学生积极向上的精神面貌。

三、加强基地建设，铸牢中华民族共同体意识

将"石榴读书社"作为特色教育阵地，推动"石榴读书社"活动课程化、系列化，以此开展理论学习、交流分享、研究学习、实践探索等相关教育活动；培养学生对"石榴读书社"相关工作进行规划、计划和实施，形成学生自我教育、自我管理、自我提升的机制。与属地统战部门联系，争取建立适合新疆班、本地班学生共同服务的社会实践基地，加强学生实

践教育，让学生在课外实践中提升社会责任感和自信心，建立为人民服务、为民族奋斗的目标，以此汲取持续奋斗的动力。

四、加强校际交流，加强大中小幼德育一体化

学校德育工作已有诸多品牌项目，在德育实践中取得了良好的教育成效，但仍有一些方面需要向兄弟学校学习。应建立校际交流常态化工作机制，多向省内外优秀案例学习，提升学校德育工作水平，也在交流中提升学校德育工作影响力。另外，在上级部门指导支持下，加强新疆班工作与厦门大学学生工作处对接，在集美校区与集美区实验小学、润德幼儿园建立联结，建立大中小幼德育工作一体化项目，加强协作，以更系统、全面地为学生成长服务。

第三章

师资力量雄厚，专业能力突出

第一节 师德高尚，师风优良

厦外在示范性普通高中建设学校的申报、创建、认定和辐射的过程中，加强教师队伍建设和专业发展，取得显著成效，主要体现在以下几个方面。

一、教师队伍师德高尚、结构合理

认真落实"四有好老师"要求，围绕新时期党的教育方针，加强师德师风教育；组织学习中共十九届五中全会和习总书记思政会议讲话精神，深入领会二十大报告的精髓，了解我国经济社会发展的宏伟蓝图，增强"四个意识"、坚定"四个自信"、做到"两个维护"。坚持把思想政治工作贯穿于教师培养培训全过程。新教师培训时，谢慧校长作了"新时代、新课程——我们如何做一位德艺双馨的优秀教师"的报告，在各级会议上，校领导非常重视学习贯彻习近平新时代中国特色社会主义思想和在全国教育工作会议上的讲话精神，突出政治标准，加强社会主义核心价值观宣传教育，加强思政课建设，落实立德树人根本任务。将师德师风作为评价教师队伍素质的第一标准，严格遵循新时代教师职业行为十项准则，落实教师职业行为负面清单，签订师德承诺书，强化师德考评，实行师德失范"一票否决"制。全体教师精神面貌向上，师德高尚、作风优良，无违规违法行为。

谢慧校长作"新时代、新课程——我们如何做一位德艺双馨的优秀教师"的讲座

  专任教师和教辅人员配备合理，教师队伍学科配套完整，无结构性缺编。100%的专任教师具有高级中学教师资格，26.9%的教师具有硕士研究生学位，高级、正高级教师占35.4%，正高级教师、特级教师、省教学名师、省级学科教学带头人、市级专家型教师和市级学科带头人人数占专任教师数的34%，并有国家万人计划名师1人，新时代中小学名师培养对象1人。在创建期间，谢慧获评厦门市领军人才，钱永昌获评厦门市杰出人才和新时代中小学名师培养对象，邹春盛、钱永昌、林华、欧阳国胜获评正高级教师，林华、欧阳国胜获评福建省特级教师，欧阳国胜获评省学科带头人，胡靖华获评厦门市专家型教师，周毅、江礼平、陈锦英、陈芸、王雪梅、蔡文恭、陈敏、郭晓静、陈小琼、陈雅繁获评厦门市学科带头人，形成了一支师德高尚、结构合理的教师队伍。

二、教育科研成绩优秀、风格独特

  创新教师培训方式，扎实组织250余场校本研修，重点提升教师新课程新高考的实施能力和应对水平。集备制度完备，教科研工作组织合理，并执行有效激励制度，发放教科研奖金79.27万余元。90%的教师参与校级及以上课题研究，有60个市级以上课题结题，并新增立7项省级规划课题，2项省中青年教师教育科研课题，9项市级课题。550人在市级以上教学赛事中获奖，19人在市年度教师教学技能大赛中获奖，其中1人获特等奖。CN刊物发表论文362篇，其中中文核心期刊36篇；出版教育教学专著（译著）7部；获得市级三等奖以上奖励论文52篇。获国家级教学成果奖1人，获省教学成果奖2人，厦门市教学成果奖一等奖2人，二等奖1人。福建省邹春盛名师工作室开展丰富多彩的教研活动，特别在疫情期间开展6场面向全国的线上直播活动，并到连城一中、连城四堡中学、寿宁一中、下党希望学校开展送培送教活动；福建省肖骁名师工作室在南平市和石狮市等地送教下乡，并开展初中专题教学培训活动；厦门市钱永昌名师工作室成功举行多场教学研讨活动，党员名师先锋岗到宁德五中开展指导帮扶活动；厦门市欧阳国胜名师工作室加强成员之间的业务理论学习，并把德育研修和语文课程结合起来，打通教育和教学的壁垒，工作富有成效。

福建省肖骁名师工作室活动照片

福建省邹春盛名师工作室活动照片

厦门市钱永昌名师工作室活动照片

厦门市欧阳国胜名师工作室活动照片

在创建期间，学校在省级以上组织的教学成果奖、教学比赛、教科研论文评选中获三等奖及以上的项数以及在公开发行的报刊上发表专业文章篇数合计436项/篇。

第二节　名师引领，深耕精研

一、教研高地，高扬名师旗帜

所谓名校者，非有大楼之谓也，乃有名师之谓也。培育优秀的师资队伍、打造可持续发展的师资成长环境，永远是学校的重要工程。学校基于过往的积淀和优秀的传承，持续实施和不断完善名师培养工程，对标省、市名师培养目标，健全"骨干教师—学科带头人—专家型教师—卓越教师（省名师）—国家级名师"的"金字塔"式名师培养体系。优化选拔、培训和认定机制，为学校名师成长助力，同时强化对名师的动态管理考核，以求更好、更有效地发挥名优教师的示范引领作用。

（一）团队优——厦门教育科研的中坚

学校全体教师精神面貌积极向上，师德高尚、作风优良，涌现了一大批富有知名度的教学名师和教学专家。在厦门市的教科研工作中，学校名优教师重任在肩，各学段学科中心组核心成员有厦外教师的身影，市级以上公开课、讲座、试题命制、送教下乡、课题研究等教科研活动离不开学校名优特教师的积极承担。厦外名师是厦门市教育科研的中坚力量，发挥了重要的作用。

（二）传帮带——厦外优秀精神的传承

近三年，名师动态考核通过率位居全市榜首。"福建省第五届中小学教师教学大赛"中，厦外成绩优异，有5人获得省赛等级奖，其中高中组刘俊杰、陈莹获一等奖，高中组一等奖第一名的人数位列全省第一。厦门市第八届基础教育课堂教学改革创新大赛中，厦外共有68人获得市级奖，其中一等奖12人；高中组有46人获得市级奖，获奖人数全市第一。这些成绩的取得，离不开学校领导对教科研的有效组织和管理，离不开教师对自身学科专业发展的高度负责与重视，更离不开学科名师团队对参赛教师的精心点拨与指导。

以教师技能赛为例，厦外初高中各学科均表现优秀，其中，英语、历史、政治等学科表现相当夺目，在省级技能赛中频频摘金夺银。往届学校省技能赛的优秀选手，如郑英昇、胡靖华、解露、吕妹仔、郭晓静、陈小琼、曾阔、姜静、刘洁昕、姚沐杉等人，现已成长为省名师、省学科带头人和市学科带头人（或培养对象）。这些优秀教师及其所在的学科团队又指导更年轻的教师在各项赛事中勇夺桂冠，不断精进专业素养。

学校高度重视师徒的"传帮带"，通过教师"结对子"的方式促进青年教师成长；同时，还聘请省市名优特教师作为学校的学术顾问，以更好地促进学校青年教师的成长。"传帮带"，"传"出智慧、"帮"出成长，

"带"出精神。

（三）精教研——厦外名优教师的引领

2018年来，学校教师主持的市级以上教科研立项课题共82项，其中国家课题2项，省级课题40项，市级课题40项，市级以上立项课题数量名列厦门市前茅。近两年，立项的省规划办课题9项，省中青年课题2项，数量在厦门市居领先地位。

在论文成果方面，厦外谢慧、钱永昌、邹春盛、肖骁、林华、欧阳国胜和蒋小钢等教师有多篇论文发表在核心期刊或被中国人民大学书报资料中心全文转载，这些引领论文写作的教科研精英无一例外都是省学科带头人以上的教学名师。

2022年12月，谢慧校长在"海峡两岸百名中小学校长论坛"开设"教师深度学习促进学生深度学习的实践路径"的专题讲座，引发极大反响和好评。

谢慧校长在"海峡两岸百名中小学校长论坛"开设专题讲座

近几年来，随着学校新校区建设和建校规模的扩大，一大批优秀青年教师加入厦外大家庭，为厦外输入新鲜的血液。他们勤于钻研、乐于奉献，如指导高三钱学森班施睿扬同学进入第38届全国中学生物理竞赛决赛并斩获银牌（这是本届物理竞赛厦门市取得的最好成绩，同时也创造了厦外物理竞赛的最佳成绩）的李建鹏老师、指导厦外学子在第35届中国化学奥林匹克竞赛取得2个省一等奖、多个省级奖项的金彬彬老师等人，他们正在成长的路上，未来可期。

（四）广辐射——厦外优秀教师的担当

厦外与厦门十中、厦门市音乐学校、海沧中学、海沧中心小学建立帮扶合作关系，与瑞景分校、翔安附校、海沧附校、集美分校、湖里分校、翔城分校以及石狮分校等合作校定期开展学习交流，以开设讲座和公开课的形式加强传帮带，提升被帮扶学校和分校（附校）教师的专业技能和教学水平。与连城一中、寿宁一中、下党希望学校等市外学校签订合作共建协议，助力老区教育，促进双方教育教学质量的进一步提升。

厦外名师积极发挥区域示范引领作用。比如2021年5月，谢慧校长在寿宁县下党希望学校开设"发挥名校资源优势，促进教育均衡发展"的讲座，广受好评。

与下党希望学校帮扶结对

与连城一中合作共建

厦外教师还积极承担福建省教育厅组织的送培送教活动，足迹遍布八闽大地。2018年以来，厦外教学名师开设了数百节省级以上的公开课和讲座，为展示厦外优秀的精神风貌发挥了重要的辐射作用。

二、多措并举，挖掘教学资源

（一）加强新教师培训

2020—2022年，新教师培训采用线上和线下相结合培训方式，并创新了培训内容。由校党委书记进行立德树人专题讲座，开设"师德师风"建设与"心理健康"两个专题论坛；各个处室进行德育常规、教学常规、教研技能培训，之后邀请学校教学能手、德育高手、大赛好手传经送宝，请福建师大、福建教育学院和厦门市教科院的领导和专家开设专题讲座。同时支持和督促新教师参加市直属校新教师培训，为全新开启的教师职业生涯给予良好建议和优秀的示范。

厦门大学心理学助理教授林敏老师为新教师开展心理讲座

落实各项教学常规。根据学校新教师集中引进的特点，教研室牵头制订新教师"教学常规"培养三阶段（三步走）发展规划：第一学期9—10月为第一步，执行第一月教学规范十条，并进行检查落实，个别新教师衣着不符合要求、教案不规范的现象，都得到及时的发现并改进；10月至学期末为第二步，出台第一学期教学规范十条；第二学期为第三步，检查教案和听课笔记，通过抽查学生作业以检查新教师作业批改情况，为期末开展新教师考查评比工作打下坚实基础，悉心助力新教师成长发展。

实行以老带新的师徒结对制度。在开学初，以教研组为单位，确定师徒结对人选，并签订协议，明确双方的职责，帮助青年教师成长工作；以年段为单位，确定班主任指导教师人选，助力青年班主任工作走上正轨。

2022—2023 学年师徒结对仪式

把新教师培训和青年党务培训结合起来。发挥青年教师成长的机制，倾听教师呼声，解决教学实际中碰到的难题。

开好新教师座谈会。为提升新教师职业素养，弘扬厦外"进德修业"的优秀文化，每年年底，启动"教师专题阅读"研训活动，请资深教师做阅读分享，青年教师进行工作交流等，以帮助新教师更好地适应教学生活，解答教学疑惑、提高工作效率。

教师专业素养提升交流

校领导参与新教师们分学科讨论，共同制订工作首年的奋斗目标

（二）继续健全青年教师职后五年培养机制

制订《厦门外国语学校青年教师职后五年培养工作实施意见》，加强青年教师的培训管理。到目前为止，每一位新教师都有提供学年工作总结，并制订个人专业发展规划。

（三）加强首届校级骨干教师培养

2020年12月启动首届校级骨干教师培养工程。邀请任勇副局长开设专题讲座，所有骨干教师和培养对象参加，并进行技能大赛专题指导；组织培养对象参加读书会；参加课题申报专题，学习如何开题，聆听福建教育学院陈超博士的讲座，学会如何申报课题并组织开题示范；邀请福建教育学院鲍道宏、《福建教育》陈勇生、吴炜旻，厦门市教科院蔡敬晖、陈诗吉老师等专家开设"新课改背景下青年教师专业成长之路"专题，所有培训骨干参加学习；教研室出台专题文件，对骨干教师培训内容和要求进行细致规范的界定。首届骨干教师于2022年底结业，2023年初认定并颁发证书。

校领导和首届校级骨干教师合影

(四) 组织技能大赛和岗位大练兵活动

按照厦门市教育局部署，实施岗位全员大练兵活动，在创新大赛、基本功大赛和技能大赛等赛事中取得辉煌业绩。

放眼校外，以赛促教，借教师技能大赛等各项赛事来提升教师的教学能力。从 2011 年第一届技能大赛以来，共获得全国、省、市 121 个奖项，其中解露在中国教科文卫体工会全国委员会主办的第一届全国中小学青年教师教学竞赛中获得高中组一等奖；获省特等奖 2 人，省一等奖 12 人（其中第一名 7 人），省二等奖 7 人，省三等奖 3 人；获市特等奖 3 人，市一等奖 31 人（其中第一名 16 人），市二等奖 33 人，市三等奖 29 人。

在福建省第五届教师技能大赛中，刘俊杰和陈莹获得一等奖，阚永华、孙晓娟、徐可获得二等奖，获得一等奖第一名人数为全省第一。

三、引领示范，发挥教研潜力

(一) 开展深度教研活动

1. 富有厦外特色的深度教研活动

(1) 搭建立体化学习教研平台，提升教师专业素养。

突出资源的整合与共享。优化集体备课流程，聚合集体智慧；建构学校教研标准，形成标准与个性相统一的教研模式。依据各学科的特点，制订评课标准，开展听评课活动。

探索提高教师素养的可操作性路径。确定专题，建立读书小组，确定共读书目；自主研修，开展自主研读；主题讲座，请相关专家开展主题讲座；实践体验，在教学实践中应用教育观察日志改进教学；分享交流，师生共同作定期个性化分享；成果展示，实现巩固提升。通过项目式实践研究，突破教师深度学习的实践瓶颈。推动学习—实践—反思—改进—再实践循环模式，开展深度学习行动研究，唤醒教师主动将深度学习理论与深度学习实践相结合的内驱力。

与教育服务机构合作，购买服务。如购买"指课网""智学网"等教育平台，为教师备课、组题提供优质资源。同时，教师也通过国家智慧教育公共服务平台进行专题学习。

（2）聚焦核心教研问题。如校本课程研发、优化校本作业；开展命题研究、科学评价的深度学习；进行分层教学帮助不同层次学生实现深度学习等。

（3）提供多层次保障体系，以机制创新抓好"最后一公里"。

学校层面：顶层设计，制度保障，强力推动。

专家层面：聘请专家指导引领，深化提升。

教研组层面：通过教研平台，深度切入学习论坛、聚焦课堂、校本课程研发等主题。

备课组层面：大单元备课、校本作业设计，教—学—评一体化推进。

教师层面：把握学情，实时反馈、调整改进教研策略。

学生层面：研读、共读，项目学习，反思提升。

总之，多方协同、多层次保障创新驱动发展，不断优化教师专业成长机制。

2. 课题研究——深度教研的学术平台

厦外在开展深度教研的基础上，对课题申报、开题、中期和结题进行全流程监督和指导。以 2020—2021 学年为例，有 6 个省级课题结题、3 个市级课题结题，并新增 2 个省级规划课题，7 个市级规划课题。

课题的申报和核心概念的界定是摆在申报者面前的一道门槛，为了突破这道门槛，学校邀请了厦门市教科院高思刚主任和省课题规划郭少榕主任开设专题讲座并进行现场指导。本次学习活动效果显著，课题申报成功率也随之增高。学校还邀请福建教育学院陈超教授指导开题工作，并开设专题讲座，指导教师们开展学术研讨活动。教研室主任特级教师邹春盛老师多次主持召开会议，对课题申报、课题管理、课题规范等方面进行讲解。

3. 读书活动——深度教研的直观体会

教研室对读书活动进行布置和指导，把握暑假寒假读书的好时光。

教研部门首先为教师提供阅读书目。例如：

教育理论类：《课程与教学的基本原理》《后现代课程观》《普通教育学》《教育心理学》。

教学管理类：《怎样的教育能给人带来幸福》《基于设计的学校教育》《建构学校课程框架》。

教师素养类：《教案的革命——基于课程标准的学历案》《学历案与深度学习》《走向核心素养的深度学习》《追求理解的教学设计》。

学习研究类：《人是如何学习的》《学习的本质》《学习质量评价》《可见的学习》。

在各个校区建有"教师书吧"，为教师学习提供良好的场所。各个教研组也组织了"读书互助小组"，开展有针对性的读书活动。

学校定期开展深度教研，围绕同一主题，通过课内外、线上线下等方式，教师、学生、家长一起开展阅读交流，有效促进深度学习和深度教研，体现共读的丰富性、参与的广泛性、读后的有效性。

通过教师制定深度阅读"想得透"的学习目标，确定深度阅读"学得进"的学习任务，设计"用得出"的深度阅读的学习评价，成就学生"学得进—想得透—用得出"的深度学习。在"师生共读"中，教师和家长引领示范，激发学生阅读的主动性、积极性，挖掘学生思维的广阔性、深刻性和灵活性，开启学生积极情感的大门，帮助学生从对知识的最初理解能力发展到综合应用能力和创新能力。师生共读，既加强了师生之间的情感联系，也帮助学生树立起正确的情感态度价值观，使他们的思维向更深维度拓展。以语文组教师指导学生阅读生物学名著《昆虫记》为例，先由生物老师布置观察笔记或实践报告，之后学生结合名著阅读任务进行探究，对比书中科学家法布尔的观察方法，完成的昆虫观察笔记。再邀请美术教师指导学生参加生物笔记（绘画）的比赛。除了《昆虫记》，教师还和学生共读小品文《梦回繁华》，引导学生从历史、绘画、文学等多个视角入手解读文本内涵，完成了横跨历史、美术、语文多个学科的深度学习。

4. 师生（家长）共读，助力家校协同发展

2020年5月，八所厦外合作校齐聚一堂，开展线上点击率超百万的"春日共阅读，书香润家园"云端品书亲子阅读分享会，把厦外读书活动推向高潮。这次"春日共阅读，书香润家园"的云端亲子阅读引起巨大的反响，从教师深度阅读带动学生深度阅读，再到把深度阅读延伸到家庭，亲子之间分享阅读的收获，互动有趣、形式活泼，是一种值得推荐并且学习的家校共建方式。

心理组教师为了提升教师心理健康水平，开展"阅读合伙人孵化营——教师亲子共读活动"，也是富有特色和卓有成效。活动帮助教师建立优质的亲子关系，从而提高教师的幸福感，使教师在生活中体验更多的积极情绪，提升其心理健康水平。

师生共读的步骤为：

（1）推荐·共读：选定书目，教师、学生或家长作专题背景介绍，激发阅读热情。

（2）分享·展示：让先读带动后读，形成比学赶超的氛围，利用差异性推动整体性。

（3）共享·拓展：既是整个活动的总结和升华也是活动的拓展和推广，使师生共读走向家校共读乃至社会共读。在师生共读中形成的浓厚读书氛围，既推动了书香校园的形成，也推动了家庭乃至社会的精神文明建设。

（二）学术引领

1. 名家荟萃的学术委员会

正式成立厦外学术委员会（第三届）和厦门外国语学校教师发展中心；党委会讨论并通过了《厦门外国语学校学术委员会章程（第三届）》和《厦门外国语学校教师发展中心章程》。

聘请黄亮生、黄建忠、刘燊威、俞发亮四位退休教师为学术委员会顾问，指导教研组开展教研活动，每月进行教学常规检查；负责青年教师的结对子指导工作，帮助青年教师迅速成长，效果显著。

进一步规范学术委员会对教师学术规范的指导和督促工作。严格执行《厦门外国语学校进一步规范校外学术活动的通知》，对于校外学术活动进行规范化管理，并着手拟定《厦门外国语学校教师学术培训防疫制度》，加强学术委员会对学术活动的管理。

2. 引领潮流的特色教研活动

作为特色教育领头羊的外语组，教研活动丰富多彩，甚至走出国门，进行跨国界的教研活动，这在省内是独一无二的。

"栩栩戏中行——厦外与英国姐妹校线上戏剧教学"研讨富有国际影响力。通过有计划、定时、定主题的戏剧主题研讨教学活动及戏剧表演、戏剧评价等内容展开学术交流，探讨"外语＋戏剧"融合式教学对学生语言学习提升和综合素养发展的促进作用。

创建"中荷未来英才云交流课程"。疫情挡不住交流的脚步，屏幕阻不断学习的热情。厦外与荷兰姐妹校阿佛玲中学合作开展"中荷未来英才云交流课程"，采用线上课程交流形式，开展语言文化交流与课程共建。期间，副校长黄锦亮与荷兰阿佛玲中学副校长 Martine·Devilee 进行了中荷"校长对话"，就两校交往、课程交流、办学情况等开展深入交流。

通过提高院校合作，开展深度学术交流。作为厦门大学优质生源基地之一，厦外与厦门大学外文学院长期紧密合作，通过开展课程共建和课题研究，建立外语书院导师制和实习实践基地等形式，在人才培养、教学研究等方面建立全方位、宽领域、多层次的合作关系。

其他学科教研组的实力也在业内处于领先水平。比如生物教研组倡导思维教学，主张"为思维而教"。通过长期教学实践，摸索出了一套以"思维导图"为特点、多种教学策略灵活应用的教学模式，取得了良好的教学效果，并在厦门市高中生物教学领域独树一帜，起到了引领作用。围绕"思维教学"开展的省市区级课题共 5 项；在 CN 期刊上发表论文 15 篇，其中 5 篇发表在生物学科核心期刊《生物学教学》《中学生物教学》

上；开设市级及以上的讲座和公开课 20 场以上。

还有地理教研组的教研定位也独具特色。"在自然地理的综合实践中，培养学生地理空间思维能力"，教研活动注重营造"科学有趣氛围"的形式，并让学生陶醉其中，共同成长。特色教研依据课标，设计了多个实践任务，如观察月相、日全食、太阳视运动；绘制教室、校园地图；探究校园植物与环境的关系等，在祖国的大好河山中探究人地关系。学生的"太阳视运动观测仪""白鹭日晷""日照时间观测仪"等发明项目获省、市级青少年科技创新大赛一等奖，并拥有多项发明专利。教师们围绕与地理空间思维培养相关的省市级课题有 3 项，在 CN 刊物上发表论文 20 多篇，3 篇发表于核心刊物，开设省市级讲座 20 多个场次，组织策划的"追日寻踪，观食悟道"实践活动得到 CCTV 关注与报道。

第三节　树典立范，争先创优

一、特色教研，彰显厦外突出外语的办学方向

时代的发展对教育提出更高的要求，教育理念的更新为课堂实践提供了源源不断的动力。随着新课程"大观念教学"的优势和意义日渐显现，这一理念在高中英语教学中的深入应用也迫在眉睫。为进一步加强英语教学研究，促进教师专业化成长，海沧和集美两校区高一英语备课组成员于 11 月 11 日就大观念教学及其在初高衔接中的应用展开了积极的研讨，以"大观念"为核心进行单元整体教学设计的经验交流，赋能青年教师的成长。

跨校区研讨赋能青年教师成长。针对高中科目多，各科分配的时间有限这一问题，陈玲老师提出，针对学优生可以通过组织经验分享会，促进生生互学，针对学困生可以集中进行学法指导。陈子悠老师提出了减缓教学进度，为学困生增设缓冲地带的建议。徐雅琛老师提出加入词汇联想，组建个人的词汇网络，在句子成分分析的过程中明确单词的词性。郑素清

老师则提倡采用阶梯递进式及拓展式策略进行词汇教学。除了语言知识的衔接，朱佳琪老师指出学习技巧及心理建设方面的衔接也不容小觑，例如引导学生学会使用英汉双解字典，学会如何记笔记、如何背记长段落，并且在教学中关注学生学习态度和心理认知情况，善用元认知策略，培养学生健康的学习心理。

联合教研，群策群力。高中阶段的作业项目繁多，难度比初中高许多，针对这一特点，陈子悠老师提出了分层作业的对策，分别对不同种类的作业（缩写、泛读、泛听等）增加专项指导。无独有偶，陆思羽老师也提出解题方式的指导办法，例如听力解题技巧、阅读解题技巧、背诵技巧等。高中单词量要求骤增的问题也十分明显，对此，高贵红老师建议落实课标 3000 词，在高一阶段打好基础。陈妤老师提出在课堂上渗透派生词拓展，通过小测加强词汇复现，通过精读和泛读在情境中掌握单词等方式。汪瑜昕老师则提出听力的提升对策，在听前教学生梳理生词，预测文本，听中拆分文本，学会速记，挖掘弱读、连读、爆破现象，听后学习生词，复述文本。针对作业缺交、迟交的现象，黄珊珊老师建议及时展示优秀作业，如典范摘抄、报纸缩写、练字；与缺交率较高的同学进行个别谈话了解情况，进行及时的疏导。

大观念教学理论与实践研讨有的放矢，落实成效。英语学科的大观念可大致分为主题大观念（content-related）和语言大观念（language-related）两方面。在此框架下，姜婉莹老师提出"巧设课堂内容，注意教学衔接"具体的教学措施；杨燕芳老师则鼓励学生利用思维导图将抽象化的思维具象化，加深单元主题链接；王岑婕老师则提出，在大单元教学中关注单元教学设计的整体性和整合性，利用 Scaffolding 教学理论为学生构建知识的概念框架，对复杂的学习任务进行分解，引导学生去理解并进行再整合。

激荡思维构建单元大观念。无论是作业的落实，还是课堂教学的实效，都对教师的工作提出较高的要求。备课组长陈莹老师进行了小结，指出教师应以学生中心为基本出发点，以专业化成长为动力，以"问题—对策"的思维方式探讨教研中的问题，对教育教学问题进行归因分析，寻找学生的学习动力源，结合心理学、教育学理论，从浅层到深层机制进行探究，并指导自己的教学行为。教务处副主任陈锦英老师则勉励各位老师在教学实践中落实大观念教学，巧用策略，形成具体、清晰的课堂成果。

"教—学—研"三位一体，促进专业成长。教务处陈锦英副主任高屋建瓴指明方向"教而不研则浅，研而不教则空"，全体英语教师必将继续以课堂夯落实，以深研促优化，建立学习型、务实型团队、活力型团队，力争做到人无我有，人有我优，人优我特，在研究和实践中深耕指向核心素养的大观念整体教学，砥砺前行、踔厉奋发，培养出德才兼备的优秀外语人才！

二、整本书阅读，走在新教材研究的学术前沿

2022年11月25日下午，应厦门市教科院语文学科组的邀请，厦外正高级教师、特级教师、省教学名师邹春盛老师开设了一节别开生面的公开课——《乡土中国》之"礼治秩序"作品讨论会，并作"语篇阅读学视野下的整本书阅读"主题讲座。这次教学研讨活动嘉宾云集，中央民族大学陈心想教授、福建教育学院鲍道宏教授、河北科技大学谢志浩教授、《福建教育》编辑部吴炜旻主任、厦门市教科院胡卫东老师，欧阳国胜名师工作室全体成员以及厦门市高一年段语文教师共聚云端和线下，连城一中、寿宁一中等合作共建校语文教师也共同参与了这一场教学实践与科研探索深度结合的学术盛宴。

《乡土中国》之"礼治秩序"作品讨论会

整本书阅读是一种体现深度和厚度的阅读，其为语文教学开辟更广袤的空间，也带来了更严峻的考验，需要借助相应理论来构建合适的教学策略。邹老师以深度学习理论与语篇阅读教学理论为抓手，探索《乡土中国》整本书阅读的课程化实施路径。这次教学研讨活动，邹老师以《乡土中国》之"礼治秩序"一章为例，指导学生开展作品讨论会。无论从课堂形式还是从课堂内容都作了创新性的探究，极具启发和借鉴意义。

　　课堂形式上，邹老师将全班分为两个大组，每一组以小组合作学习的形式对章节内容作梳理探究，并推四名代表作相应发言，另一组则就其内容进行提问质疑，还可针对有探讨价值的问题展开辩论，最后依据评价量规对发言组赋分，并作解释说明。课堂形式一反传统模式，老师只作适当点拨和引导，而充分重视学生的主体性作用，最大限度地发挥学生的自主性，以激发阅读兴趣，取得相应成果，使学生获得阅读成就感。自主探究、合作分享等形式促进了积极参与、体验成功、获得发展的有意义的学习过程。

　　课堂内容上，邹老师引导学生围绕"读懂文本，梳理文脉—读透文本，知识迁移—深入探究，运用文本"的逻辑脉络层层深入。首先是理解章节核心概念，梳理逻辑思路，其次是对文本作思考质疑，尝试作自我解答，最后是结合理论对相关现象作辩证分析，即理论联系实际。思维框架的搭建，使得课堂教学既有梯度又有深度，这是邹老师匠心独运的表现。他重视内容的梳理、整合和迁移，避免碎片化阅读，旨在聚焦深度阅读，以逐步发展学生的高阶思维品质。

　　不止步于整本书阅读的教学实践，邹老师还结合前沿的学术理论，进一步思考和探究一套更为完整的整本书阅读课程的构建路径。在后续的讲座中，邹老师分享了关于《乡土中国》整本书阅读的最新学术思考。首先，以课标与教材要求为基础，确定《乡土中国》整本书阅读的目标是读通、读懂，理解基本内容，并力求触类旁通，掌握学术著作的一般读法。不纠结于概念，而应有更高层次的把握。其次，由《追求理解的教学设计》相关启示，明确《乡土中国》的大概念、次概念和小概念，"大概念"统领下的《乡土中国》教学重视培养学生的专家思维，而非简单接受观点。再次，《乡土中国》属于学术著作，从语篇阅读学视野来看，应重视其认知解码过程，包括有语义教学、语形教学、交际教学等内容。邹老师独具慧眼，创新性地为整本书阅读教学提供了新的探究角度。最后，邹老师还结合教学实践分享了对"教—学—评"一体化的思考，以及整本书阅读的项目式学习尝试。这次讲座内容丰富，既有理论高度，又有实践经验，为一线教师们确定和实施相应教学策略提供了极具价值的理论依据和实践方向。

三、赛场风云．年轻才俊的责任与担当

在"福建省第五届中小学教师教学大赛"中，厦外成绩优异，省一等奖2人，二等奖2人，三等奖1人。获得高中组全省学科排名第一的选手有2人，全省第一。

刘俊杰老师获福建省第五届中小学教师教学大赛高中历史学科一等奖（第一名）。他是首都师范大学中国史专业的硕士研究生，2016年8月入职厦外。入职五年获得多项荣誉和奖项：2017年获厦门市第五届基础教育优质微课程资源（历史学科）一等奖；2019年获厦门市青年教师教学基本功岗位练兵历史学科一等奖（第一名）；2020年获厦门市第五届教师教学技能大赛历史学科二等奖。所带2021届历史类钱学森班中有8人考入清华北大。

参赛感言：每一次成长的收获，都绝不仅仅依靠个人努力。在长达数月的选拔与训练中，学科导师团队不厌其烦的教学打磨，学校老教师毫无保留的经验传授，家庭成员竭尽全力的支持，让我心无旁骛地投入到紧张的备赛中。教学或比赛，都是为了更好地服务于学生。希望能将成果转化为学生课堂之"得"。

陈莹老师获福建省第五届中小学教师教学大赛高中组心理学科一等奖（第一名）。她是华东师范大学发展与教育心理学硕士，国家二级心理咨询师，厦门市骨干教师，厦门市中高考讲师团成员，厦门市高三年导心育人指导组专家，厦门卫视心理嘉宾。

参赛感言：每一次经历，都是成长的必然。从备赛到参赛，家人、导师、同事的陪伴与支持，是我坚定前行最大的动力。从专业指导到工作协调再到心态调节，都给了我莫大的支持。正是因为有如此坚强的后盾，我才能从容自信地走进赛场。这一场比赛的结束，是终点，也是起点。希望在接下去的日子里，能够不断成长，行己所爱，爱己所行。

徐可老师获福建省第五届中小学教师教学大赛高中语文学科二等奖。她毕业于华中师范大学汉语言文学专业，教育硕士，2014年入职厦外。任教以来一直担任班主任工作，现任2022届理科钱学森班班主任。2016年获厦门市首届"中小学教师五项技能大赛"高中语文二等奖；2017年获厦门市第四届"中小学教师技能大赛"高中语文一等奖（第一名）。2021年获厦门市"骨干教师"称号。

参赛感言：比赛带给我的远远超出自己的预期，除了竞技过程的酸甜苦辣，也收获了很多从未有过的心境与感悟。在这一路风景中，倍感使命之艰巨，更燃起对教学钻研探索的热忱，而这份所得，也定能为教学提供助力。

孙小娟老师获福建省第五届中小学教师教学大赛高中政治学科二等奖，厦门市第二届单元教学设计一等奖。厦门市课堂创新大赛二等奖。发表多篇CN论文，参与多项省市级课题。从教九年，努力钻研学科理论、提升专业积淀，积极创新教学方式。

参赛感言：以生命影响生命，于比赛或日常教学实践中追寻教育的本然价值。以理论引领方向，于专业理论积淀中拓展学科知识的深度广度；以温暖助力成长，于同伴友人的暖心相伴中丰富生活助力成长。团队支撑，是发展动力，更是文化传承；专业钻研，是拓展，更是职业引领；教学相长，是互动，更是生命成长。

四、项目式学习，在新课标指引下的教改之路

生物组开展在项目驱动下的高中生物单元教学设计，组长陈敏老师在此独有见地。他以人教版高中生物必修一第二章"组成细胞的分子"为

例，在高中生物课程中开展项目式学习的实践探索，以项目为驱动，进行单元教学设计。

"组成细胞的分子"这一章主要介绍细胞中的元素和化合物，并详细介绍了蛋白质和核酸的结构与功能、糖类和脂质的种类与作用、水和无机盐的作用等知识。教材还安排了一个实验"检测生物组织中的还原糖、脂肪和蛋白质"。

根据项目式学习的特点"学生为中心、解决实际问题、教学内容主题化、学习产出成果化"，结合教材内容（本章内容都与食物有关，教材的"问题探讨"栏目多次提到日常饮食，本章知识对学生形成"健康生活"的理念有重要作用），陈敏老师以"研究膳食宝塔、设计个人食谱"为主题，统领整章教学；以"中国居民膳食平衡宝塔"为引入，以学生自己设计的食谱作为学习成果，期望用项目式学习达成课程目标，提高学生的生物学科核心素养。设计项目式学习目标的关键是寻找学生日常概念与科学概念之间的差距，对概念的不断追问，以及在追问中触及的方法和态度。

通过该项目的开展，学生能说出细胞的元素组成；说出细胞中水的存在形式和作用；举例说出无机盐的作用；概述糖类的种类和作用；举例说出脂质的种类和作用；阐明蛋白质的结构与功能；概述核酸的结构和功能；说出以碳链为骨架形成生物大分子的简要过程。

在项目开展过程中，学生逐渐对生命结构和功能有了理性认识，养成了比较、归纳等科学思维习惯。同时，通过集体探究研讨，学生的思维发展过程得到了直观的展示。在项目化学习过程中自主观察现象、实施方案，其科学探究能力也得到了切实的锻炼。

五、用爱与专业照亮每一位学子——富有特色的名师工作室

2021年高考后，欧阳国胜老师刚带完学校高三首届钱学森班，时值厦门市第二批名师工作室领衔人遴选。鉴于欧阳老师的实力和乐于助人的品性，学校极力推荐他报名参选，并提供其他省级名师工作室申报的材料，在具体的申报流程方面为欧阳老师提供力所能及的帮助。

入选之后，欧阳老师为了能给农村薄弱校与新办校教师多争取一些工作室培养名额而积极奔走。那一段时间，欧阳老师常常夜不能寐，奔走、请示、协调，最后，欧阳国胜名师工作室是唯一一个突破人数限制，达到35位研修人员的工作室，由此可见欧阳老师建室的良苦用心。

厦门市欧阳国胜中学语文名师工作室授牌仪式

欧阳老师积极的工作态度与优秀的人品、能力在厦门有目共睹，他成为了厦门市第二批名师工作领衔人和代表人，并在厦门市"名师出岛"启动仪式这样高规格会议上发言。工作室成立后，欧阳老师工作细致入微，一改一般工作室"点式研究"方式，精心设置并建立健全机构。

一方面是团队建设。第一时间组建了工作室常务活动机构。逐步成立了初中教学业务素养团队、高中教学业务素养团队、德育工作团队、社会热点素材挖掘团队、学术活动联谊团队、带教教研组建设团队、诗与远方文学创作团队、悦读醉美精读团队、美丽生活摄影团队、微信推文及资源库团队、财务工作团队等11个工作团队。

另一方面是业务建设。第一时间组建了四个版块：一是中高考各题型研究版块，二是统编版教材对应各大单元教学研究版块，三是名著整本书阅读精读研究版块，四是指导教师队伍建设板块。学忌无友，于是欧阳老师广泛邀请四方教研"大咖"，逐渐建立起一支由全国统编版教材编委及新课标制定专家郑桂华教授、课程学博士鲍道宏教授、中央民族大学社会学系主任及《走出乡土》作者陈心想教授及邹春盛、杨书松、钟斌等正高级特级教师为主的强大的学术指导团队，并直接邀请了厦门市教科院陈岩立与胡卫东两位研究员为常务指导老师。这样，就将每一位工作室成员纳入到了四个板块中，着重引领每一位成员向着集中一点的"精深研究"方向做专题研讨，以形成独特的研究专长，更是打破以往工作室多重线下"点式研究"的活动思路，从而建构起一种新型的即时研究状态的"线式深度研究"模式。正是有了这样的架构，欧阳国胜名师工作室在临近高考的成立之时，在其他工作室尚未开始运作时就能按照高考试卷结构的各大题型推出 9 期"高考迷你答题专项指导"微信推文，真正践行了"急家长之所急、急考生之所急，为考生与家长服务"的理念。这既是爱的付出，更是专业的付出，真正体现了欧阳国胜老师获评正高级教师、特级教师后所提出的"用爱与专业照亮每一位学子"这一充满仁爱之心的教学追求。

欧阳老师的用心还体现在他对工作室文化、教学主张及育人模式的高度凝练上。文化是最深层的动力，也是最持久的保障。欧阳国胜名师工作室的文化标识设计大方，创意丰富、新颖、别致，既融入了学科教学的核心素养与专业要求，又从德育的高度提出了育人目标，力抓教育与教学两翼，是不可多得的高质量文化标识创意设计。

在文化标识设计的基础上，欧阳国胜老师及其工作室邀请了新版教材与课标专家郑桂华老师题写了"做有尊严的语文人"的室铭，并邀请了福建教育学院课程学博士鲍道宏教授为工作室题写"求教学之实，造人生之境"之室训。在鲍道宏老师的指导下所确立的"言为心声"的教学主张既富有深意，亦具有创意。"言为心声"具体表现为"以文字培智育慧，让课堂浸善润美"，既寄寓着教学必始于言语基础的认识与初心，更寄寓着教育必向善向美的德性追求与价值定位，是教育教学主张的高度凝结。这样的凝结需要积极上进的全情投入，更需要群策群力的智慧付出。

欧阳国胜名师工作室的教学活动追求有序而专业。开展了文言文"教—学—评"一体化教学研讨、《乡土中国》整本书阅读教学研讨、小说真实与虚构艺术性研讨等系列专题活动，每一次研讨活动都前置学术指导阅读任务，追求研讨活动的实效性。工作室活动地点原则上均设在岛外农村薄弱校或新办学校。在刚结束的厦门市教师教学基本功大赛中，工作室在高中组全市三名一等奖中就有两席占位，但工作室的定位依然牢牢设定在对岛外农村薄弱校或新办学校及其他成员的培养上。"始终立足于师资培养，不追名，不慕虚"，这便是工作室人才培养之意旨。

除教学之外，工作室在德育管理方面所作的努力与尝试也值得推介。欧阳国胜老师一直担任班主任，是学校首届钱学森班班主任，长期担任班主任的他积累了大量的经验。欧阳老师所做的班主任讲座在安徽、云南与福建多地均广受欢迎。由云南省普洱市文体局开办的名校长、名班主任、名师"三名工程"就曾三次邀请欧阳老师为其"市名班主任培训班"做班主任培训。受同一个培训班三次邀约实不多见，如果欧阳老师的培训讲授不具备充足的实效性与教育性，是不可能达成如此成就的。除了与多地进行教学探索，还要同步交流育人之道，让教学从不远离教育，这亦是工作室的建室追求。

与每一位工作室成员畅谈，为他们提供各种专业提升的机会，帮助其找到并发展自己的教学专长，这是欧阳国胜老师及其工作室指导团队后期要做的事。欧阳老师用心招募到的张艺雅、林英杰、彭雪、庄宽、高倩、叶志忠等一大批老师，均是教学一线"实力派"。这些老师与学术指导专家一起共同构成了工作室的核心力量，通过工作室的带教协议及多条线网，他们向外输出了许多专业性与智慧性兼具的教育教学成果。

欧阳国胜名师工作室挂靠厦外，谢慧校长和主管教研工作的李勇副校长均高度重视工作室的建设与发展，学校教研室也尽全力支持工作室的各项工作。我们有理由相信，欧阳国胜名师工作室与其他工作室一样，将继续为厦门教育与福建教育付出并作出贡献，逐步形成特色鲜明的教学思想，带出一批实力雄厚的教坛新秀。

第四节 育人多维，评价多元

一、建构新时代"四有好老师"基本素养

2014年第30个教师节前夕，习近平总书记考察北京师范大学时勉励广大师生，提出"四有好老师"的要求：有理想信念、有道德情操、有扎实学识、有仁爱之心。

厦外作为一所应改革开放潮流而生的现代化名校，依托"四有好老师"的宏伟蓝图，建构起了新时代厦外教师的五大基本素养。

（1）学高身正，品德高尚；热爱教育，为人师表。
（2）身心健康，人格完美；家庭和睦，邻里友好。
（3）精通业务，教学娴熟；一专多能，结构合理。
（4）教育教学，比翼齐飞；善于表达，迁移运用。
（5）与时俱进，终身学习；积极进取，开拓创新。

二、构建"教—学—评"一体化的教学模式

"教—学—评"一体化，涉及课程与评价两个领域的理论与实践，倡导"教—学—评"一体化，根据课程目标解决"教什么""学什么""会什么"三个方面的问题。

三、尝试逆向教学设计，倡导评价先行的模式

逆向教学设计对评价的重塑有益于丰富教学评价的内涵。"逆向教学"是著名教育学家威金斯和麦克泰格根据诸多教育实践问题而提出的解决方法。在《追求理解的教学设计》一书中，他们认为"要获得新的和改进的思维方式，有时需要摒弃陈旧的'事实'和思维习惯、行为习惯"。通过预先设立的评价体系，教师能够更有针对性地安排教学活动，并在教学目标、学生已有学习经验和授课过程之间搭建桥梁。此外，逆向设计的评价

也有助于教师在教学中及时掌握学生的实际学习情况，引导教师及时调整课堂活动，提升整体教学质量。

四、注重教师和学生的"可见的学习"

教师能够共同讨论教学，将错误和困难看成重要的学习机会，纠正错误的知识和理解，能够安心学习、再学习并探索其个人的教学知识和理解。教研要经常思考和讨论三个关键性的反馈问题："他们要去哪里？（目标）""他们如何去？（方法）""他们接下来去哪里？（迁移）"。

五、改变单一的评价方式，注重形成性评价和总结性评价相结合的研究和推广

形成性评价是对学生一段学习过程的动态评价，其注重学生成长性思维、能力的培养，并具有可视化的效果。评价不是学习的结束，而是新一轮学习的开始。相较于过去常用的"诊断性评价"，即以阶段考试的形式展现学生学习成果，形成性评价的独特之处体现在日常性和可持续性上。

成长性评价在实际运用中应采取因势利导的策略，通过多样化评价体系综合分析学生的优势与不足。学生具有无限的潜能，他们的思维能力能够通过后天的学习达到持续性提高。因此，"成败在此一举"便显得不合时宜，不仅限制了人主观能动性的发挥，也束缚了思维逻辑的成长。基于学生学情的差异，可视化、多样化的评价模式能够全面、客观地认识到学生知识的掌握程度、迁移能力的发展水平以及解决问题的策略化思维。

六、加强制度建设和深化"结对子"功能，促进教师快速成长

（一）把好入口关

在学校的实习队中物色和培养苗子，积极参与教育局每年两次的新教师招聘，挑选优秀高校毕业生加入教师队伍。

（二）从严培养关

继续做好每年8月的新教师培训，让新教师带着职业尊严与充足的自

信心走向讲坛，并快速融入角色；继续落实每月规范，检查教案和听课笔记，并做到每月一公开。

(三) 跟踪成长关

进一步落实《厦门外国语学校青年教师职后五年培养工作实施意见》，要求每一位新教师都有学年工作总结，并完善个人专业发展规划；积极投入教育局的三大赛，参与班主任工作和学生竞赛指导等。

第四章

坚持五育并施，课改硕果累累

根据教育部制定的《普通高中课程方案（2017年版2020年修订）》，基础教育课程承载着党的教育方针和教育思想，规定了教育目标和教育内容，是国家意志在教育领域的直接体现，在立德树人的根本任务中发挥着重要作用。基础教育的任务是促进学生全面而有个性的发展，为学生适应社会生活、高等教育和职业发展作准备，为学生的终身发展奠定基础。教育部积极倡导学校充分挖掘课程资源，开发、开设丰富多彩的选修课程，要求学生选修的校本课程不少于14学分，其中，在必修和选择性必修基础上设计的学科拓展、提高类课程之外的课程不少于8学分，其培养目标在于更好地提升学生综合素质，发展学生核心素养。

面对经济、科技的迅猛发展和社会生活的深刻变化，面对时代发展对教育的新要求，作为一所应改革开放之运而生、顺时代发展之势而长的特色学校，厦外向来注重学校课程体系建设，致力于将学生培养成具有"中国灵魂，世界胸怀"的现代公民。在不断完善的课程体系建设中，既有体现人文素养的中国传统文化课程和体现厦外特色的"外语＋"系列校本课程，也有综合实践类及学生生涯指导规划等课程的开发；在"五育并举"的教育理念下，五育及五育融合的校本课程开发也逐渐形成系列。学校课程建设类型丰富，体现了学校教师队伍在教育改革背景下对新课标、新课程、新教材的理解，对考试制度改革和教学评价体系构建的深入思考与积极探索。

第一节 课程丰富，全面发展

一、理论成果

（一）构建高品质的育人课程体系

高品质的课程体系建设应关注学生的全面发展需求，体现育人大视野，并紧跟社会发展。

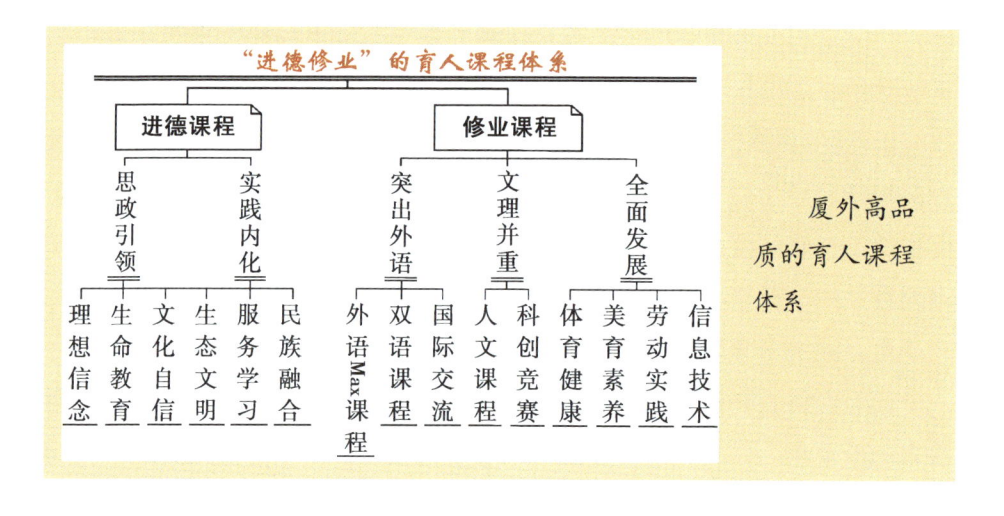

"进德修业"的育人课程体系

```
                "进德修业"的育人课程体系
        ┌──────────────┬──────────────┐
      进德课程                    修业课程
    ┌─────┬─────┐        ┌──────┬──────┬──────┐
  思政   实践           突出     文理      全面
  引领   内化           外语     并重      发展
  ┌┬┬┐    ┌┬┬┐          ┌──┐   ┌──┬──┐   ┌──┬──┬──┬──┐
  理 生 文 生 服 民     外 国   人 科    体 美 劳 信
  想 命 化 态 务 族     语 际   文 创    育 育 动 息
  信 教 自 文 学 融    Max 交   课 竞    健 素 实 技
  念 育 信 明 习 合     课 流   程 赛    康 养 践 术
                       程
```

厦外高品质的育人课程体系

本课程体系是基于厦外"进德修业"的校训、"以人为本，为学生终生发展奠基"的办学理念、"突出外语、文理并重、全面发展"的办学指导思想而进行的顶层设计，突出立德树人和五育并举，以"培养全面发展的人"与学生的核心素养为培养目标。构成该课程体系的各要素之间不是相互孤立和封闭的关系，而是相互联系、相辅相成和交叉递进的关系，并且该体系仍在不断地健全完善之中。其中，"进德课程"包含："两径"即思政引领、实践内化，"六维"即理想信念、生命教育、文化自信、生态文明、服务学习、民族融合。"修业课程"包含：一长即外语特长，两翼即人文课程、科创竞赛，四融即体育健康、美育素养、劳动实践、信息技术。

（二）提升高质量的教育教学成果

学校以构建高品质的育人课程体系为抓手，在高中教改、课改与课程建设项目中共获得国家、省、市各级教育教学成果奖10项，其中《以中学物理创新实验和创客活动为载体，培育学生创新素养的实践研究》于2018年12月获国家级基础教育教学成果二等奖，《数学教学中的"情"与"智"的深度融合》先后获得2020年厦门市基础教育教学成果奖评选一等奖和2020年福建省基础教育教学成果奖评选一等奖，《指向学科核心素养提升：大观念视角下校本课程的实践探索》获2022年厦门市基础教育教学成果奖评选一等奖，《基于SOLO分类理论的生物学科学思维水平评价体系构建》和《"纲""群""质"：文本互涉下学习任务群教学指向——以"学习"话题的文言文教学为例》于2022年4月获第五届厦门市教育科学研究优秀成果奖一等奖。厦外教师参评教育教学成果奖的数量精、质量高、影响力大，获得同行的一致好评。

（三）发挥高效能的教研成果

自2018年9月以来，厦外高中教师教改、教研能力全方位提升，出版教育教学专著（译著）7部，发表论文362篇，主持的省级以上课题立项19项、市级课题立项10项。以新立项课题为例，直接以课程为显性主题词的省市级课题有《"探究型化学实验"校本选修课程的开发研究》《设计思维导向的高中人工智能课程设计与探究》《基于普通高中地理课程标准（2017年版）的案例资源库建设研究》《初高中衔接校本课程的开发与实施的研究》等。在厦外创建省示范性普通高中建设学校过程中结题并以课程为显性主题词的省级课题有两项，分别是《智慧课堂环境下英语戏剧表演课程建设的实践研究》和《高中思想政治课活动型课程学生思维方法培养策略研究》。除此以外，有多项区级课题和课程建设与实施密切关联，同时也有多项省市区级课题和课程建设与实施有不同程度的关联。

二、实践成果

（一）开发素养导向的校本课程

厦外致力于开发适应学生发展核心素养导向的系列校本课程和校本教

材，明确学校的办学特色，以此促进学生德智体美劳全面发展，实现综合育人。课程开发涵盖所有学科教研组以及德育科、心理室等。目前自主开发的校本选修课程每学期平均有 35 门；开发的校本教材有 30 多册，并且完成一轮以上的实施与修订。所有的课程和校本教材支撑起全方位的育人目标体系，实现了整体的、综合的育人效果。

厦外高中年级部分校本教材

（二）促进学生全面发展

课程改革与建设提升了学生的核心素养。2018—2019 学年以来，高中学生参加了有关德智体美劳等各类各层次的比赛，如人文素养类、国际交流类、科技创新类、学科奥赛类和艺体类等，厦外学子共 1556 人次在市级以上比赛中获奖，其中获省级以上奖项数目见下表：

厦外学子获奖项数目

单位：个

学年	国际奖	国家奖	省级奖
2018—2019	1	12	68
2019—2020	0	9	63
2020—2021	7	16	147
2021—2022	0	20	116

具有广泛认同度的学生比赛包含"希望之星"英语风采大赛、"外研社杯"全国中学生外语素养大赛、各学科奥赛和联赛、青少年科技创新大赛、全国中小学生游泳锦标赛、福建省普通示范性高中建设校相关体育项目展示活动、"叶圣陶杯"全国中学生新作文大赛和福建省高考作文在线竞写活动等。2018年，厦外学子陈博川斩获全国中小学生游泳锦标赛50米自由泳全国第一名，并以高考600多分的成绩"游"进了清华大学；2019年，李香书同学获该年"希望之星"英语风采大赛福建省特等奖和"外研社杯"全国中学生外语素养大赛全国总决赛一等奖，最后以出类拔萃的成绩圆梦北京大学；2021年，学校五大学科竞赛取得了优异成绩，共有10位同学获得省一等奖，人数跃居近年新高。施睿扬和刘烜同学分别进入福建省物理集训队和生物集训队，施睿扬最终在第38届全国中学生物理奥林匹克竞赛决赛中荣获全国银牌，刘烜在第30届全国中学生生物学奥赛中荣获全国铜牌，这是学校近年在物理和生物奥赛中取得的新突破。

2022届学校共有15位学生荣获全国高中数学联赛省一、二、三等奖，数竞班学员都来自钱学森班，已被国内外顶尖名校录取。这些成就既彰显了学校办学渠道的多元化，也充分体现了学校近年来在课改与课程建设上取得的卓越成绩。

（三）推动教师专业发展

课改提升了厦外教科研水平。2018年以来，厦外教师有550人次在市级以上教学赛事中获奖，尤其在福建省教师技能大赛、厦门市教师技能大赛、厦门市教学创新大赛和青年教师基本功比赛中，学校成绩突出。在市级的教师教学比赛中，教师技能大赛含金量最高，近五年仅举办过一次。在2020年厦门市第五届中小学中职校幼儿园教师教学技能大赛中，学校众才俊与来自全市教坛的各位英杰群雄逐鹿，共19人获等级奖，其中斩获特等奖1人，一等奖6人，二等奖8人，三等奖4人，学校荣获"厦门市中小学教师教学技能岗位大练兵先进单位"称号。正是对教师专业发展的重视，同年学校还获评厦门市首批中小学教师发展示范学校。

（四）摘得各级学校荣誉

近五年，学校办学质量稳步提升，荣获"全国文明校园""全国示范性外国语学校""全国英才计划培训基地""全国青少年校园足球特色学校"等全国性荣誉7项；获"福建省首批示范性普通高中学校""福建省中小学心理健康教育特色学校"和福建省"中小学劳动教育实践特色项目"等省级荣誉9项，获首批"厦门市国家课程校本化实施示范高中培育校""厦门市首批书香墨香校园建设示范校"和厦门市"中小学劳动教育示范学校"等市级荣誉22项。

第二节　兼顾特长，指向素养

一、坚持构建科学体系，有机整合国家课程和校本课程

课程体系建设是一项综合系统工程，既不能只顾宏观，忽视微观，也不能只顾基础，不重个性，反之亦然。国家课程的建设与实施贯穿着国家意志和育人目标，具有基础性和普遍性等鲜明特点。但是，各校校情、学情千差万别，在国家课程的实施过程中，应充分发挥学校和师生的主观能动性，结合各自学校的特质具体实施，如可以结合学校的办学目标、办学特点和人文氛围等进行国家课程的校本化实施。与此同时，根据最新的教育教改理念，高考评价与核心素养密切关联。因此在高中校本课程的构建与实施中，不仅要服务于高考指向，也要服务于学生核心素养的提升，不能只顾浅表与感性，弱化深度和理性。

二、立足核心素养导向，开发促进学生素养发展的三级课程

厦外课程建设以学生发展核心素养为导向，把学生的需求放在首位，构建三个层级的校本课程，促进学生全面而有个性的发展。这三个层级充分考虑各类学生的需求，一是面向所有学生的基础型课程，二是面向部分学生团体的拓展型课程，三是面向特定学生发展需求的个性化课程。

以艺术课程为例，基础型课程是以国家课程为基础的艺术实践，如班级音乐会、美术作品展等。拓展型课程是依据学生兴趣爱好自愿选择的选修课程、社团课程，如摄影、书画、刻字、版画、非遗传承、合唱、管弦乐、民乐等。个性化课程是基于兴趣爱好和个人特长的荣誉课程，如各类艺术比赛的集训课程。通过三级课程建设，学校形成了希望之星英语风采、管弦乐团、科技创新、定向越野、高中男足、模拟联合国活动等荣誉课程品牌，成果显著，并长期蝉联省级、国家级奖项。

三、基于学校办学特色，实现核心素养取向与特色办学相统一

本课程体系的顶层设计基于厦外"进德修业"校训、"以人为本，为学生终生发展奠基"的办学理念和"突出外语、文理并重、全面发展"的办学指导思想，既体现厦外办学特色，又与学生发展核心素养"培养全面发展的人"高度统一。

厦外部分校本课程

课程名称	课程领域	课程性质	课程介绍	核心素养
国际理解力	德：文化自信 业：国际交流	个性化课程	依托学校丰富的国际交流活动和遍布世界各地的 29 所姐妹校资源，开设以提升学生国际理解力（International Understanding）为核心理念的特色课程，致力于培养具有国际理解力和跨文化交际能力的国际性复合型预备人才。	国际理解 人文情怀 理性思维
现代刻字艺术	德：文化自信 业：美育素养	拓展课程	介绍现代刻字艺术的历史和特点，讲授现代刻字艺术的基本技法，拓宽学生学习美术的空间，促进学生全面发展与文化传承，培养学生的创新精神和实践能力，厚植爱国主义情怀，培养民族自豪感，使学生形成基本的审美素养。	国家认同 人文情怀 人文积淀 审美情趣

续表

课程名称	课程领域	课程性质	课程介绍	核心素养
科技创新课程	业：劳动实践 信息技术	拓展课程	依托创客空间，配备激光切割机、3D打印机和电工、木工等设备，倡导师生积极开展基于项目的STEM教育。在用于探索课程实施方面，既结合钱学森班的课程建设特色进行拓展，同时又不局限于课堂教学，并在科技节、科普夏令营和科技社团活动中充分渗透，引导学生在参与科学探究中丰富体验、提高兴趣、主动创新，积极运用所学知识发现问题、解决问题。	勤于反思 创新意识 问题解决 技术应用 劳动意识

四、坚持思政引领，以丰富的实践活动夯实"进德"课程

学校充分发挥思政课程的立德树人、培根铸魂作用，常态化开展理想信念、党史学习、社会主义核心价值观等教育，创新思政途径，例如打造厦外师生鹭潮宣讲团，推进习近平新时代中国特色社会主义思想深入人心。深入挖掘语文、历史和其他学科蕴含的思政资源，强化体育、美育、劳动教育的德育功能，准确把握各门学科育人目标，将课程思政有机融入各类课程教学和学科实践中。同时加强思政学校"小课堂"和社会"大课堂"的配合，长期坚持实践育人、活动育人，树立了"文明家校路，最美厦外人"等德育品牌。

以劳动教育为例，该课程具体包含思想观念、技术学习和实践课程等，既相对独立又体现学科融合，充分彰显了"劳动实践贵在坚持"和"家校社协同"的理念。学校有20多个实践项目，其中关爱孤独症儿童的"星光"志愿服务已坚持长达15年之久。

厦外劳动教育课程

课程名称	劳动价值观	校内劳动体验	校外劳动实践	劳动创造
课程设置	家长劳动大讲堂	校内值日、周劳动课程	社校志愿服务劳动课程	手工制作劳动课程
	劳动主题演讲、班会	垃圾分类、环保劳动课程	劳动实践研学课程	非遗文化劳动课程
	劳动达人评选	劳动融入教学课程	家庭生活劳动课程	选修课劳动课程
	致敬"劳动者"活动	校内劳动实践课程	日常生产劳动课程	校园义卖体验课程
		传统节日劳动课程	生涯职业体验课程	
实施内容	1. 各行各业家长分享劳动感受，利用国旗下讲话和主题班会开展劳动教育。 2. 班级文化布置评比。 3. 劳动达人评选，开展工匠精神学习。 4. 五一节致敬劳动者系列活动。	1. 五育并举，学科教学中融入劳动教育。 2. 校内值周班、劳动包干区保洁。 3. 垃圾分类系列宣传。 4. 中秋、端午、元宵等传统节日融入劳动教育。 5. 五一、国庆、学雷锋纪念日融入劳动实践。	1. 社区学校联合开展劳动志愿服务。 2. 家庭劳动：整理、收纳、清扫、厨艺技能学习。 3. 职业生涯体验课程。 4. 家庭种植、养护技能学习。 5. 假期劳动实践课程。 6. "星宝"志愿服务课程。	1. 美术版画制作兴趣组。 2. 剪纸艺术课程。 3. 摄影艺术课程。 4. 掐丝珐琅艺术课程。 5. 元旦校园义卖活动。 6. 选修课烹饪、花卉种植课程。

五、坚持五育并举，活化、趣化、优化课程品质

学校在融合创生课程体系过程中有以下重要举措：

第一，实践融合，活化课程：外语＋戏剧。学校每学年都有为期一个月的"外语节"活动，学生、教师用各种方式尽情演绎外语，展示各国的文化，以中华文化为本，与世界文化交融。"外语＋戏剧"成为学校常态

化、课程化的教育实践活动。

第二，活动参与，趣化课程：外语＋配音比赛。每一年的外语节，学校还举行外语配音比赛，分为初赛、决赛两部分，包含英法德日等多语种，重在考察选手语音语调、对影视作品的声音演绎及团队配合默契程度等。

第三，借助平台，优化课程：外语＋社团。厦外借助模联、美辩、商赛和希望之星等平台和社团不断优化校课程建设。

六、注重贯通衔接，实现初高中一体化培养

结合学校的办学模式，学校对初高中课程建设进行了贯通式架构，保障学生发展核心素养的连贯性和一体化，减少不必要的重复环节，进而实现减负增效。下图是学校初高中外语校本课程一体化结构图。

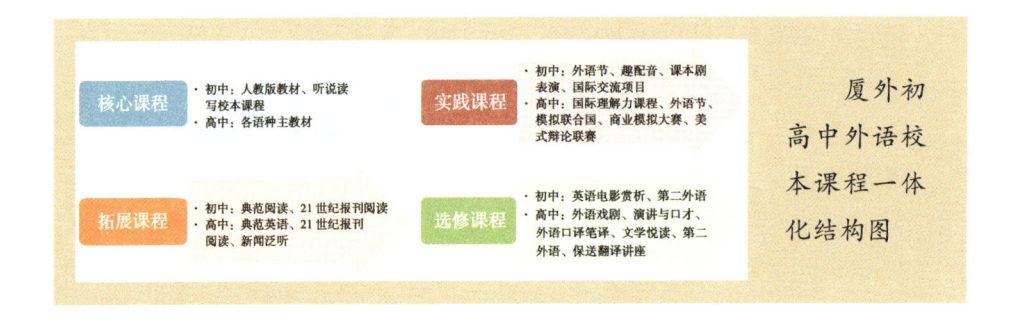

核心课程	·初中：人教版教材、听说读写校本课程 ·高中：各语种主教材	实践课程	·初中：外语节、趣配音、课本剧表演、国际交流项目 ·高中：国际理解力课程、外语节、模拟联合国、商业模拟大赛、美式辩论联赛
拓展课程	·初中：典范阅读、21世纪报刊阅读 ·高中：典范英语、21世纪报刊阅读、新闻泛听	选修课程	·初中：英语电影赏析、第二外语 ·高中：外语戏剧、演讲与口才、外语口译笔译、文学悦读、第二外语、保送翻译讲座

厦外初高中外语校本课程一体化结构图

同时，学校对初三第一批直升的强基班学生实行"2.5＋3.5"课程培养模式，即这批学生提前一个学期到高中就读，接受高中全方位的管理，为其后的学习打下坚实基础。

七、通过高端对接，促进课程往更高水平发展

2020年7月，学校与厦门大学航空航天学院正式建立战略合作伙伴关系。厦门大学航空航天学院通过派出优秀教师和研究生参与学校"钱学森班"教学，开设特色课程、开展科创合作等，促进学校在人才培养、师资队伍建设等方面向更高水平发展。

2022年7月，厦外与厦门大学外文学院签订框架合作协议，此次协议的签订标志着厦外和厦大外文学院将在此基础上拓宽合作领域，通过开展课程共建和课题研究、建立外语书院导师制和实习实践基地等形式，在人才培养、科学研究等方面建立全方位、宽领域、多层次的合作关系。

厦外与厦门大学外文学院签订合作协议

八、实施课程双评价，提升课程实施效果

校本课程是国家课程基础上的个性化补充，其研发既依托于学科又高于学科，不仅关注学科素养的发展，更重视学生核心素养的培育。学校在课程评价中实施双评价，包括学科评价和学生发展核心素养的评价。

以口语校本课为例，包括学科量化评价和核心素养星级评价，不仅评价达成任务的表现，也评价交际过程中"乐学善学""人文情怀""社会责任"等核心素养。

厦外口语课程评价量表

口语课评价单		交际任务达成				学生发展核心素养		
班级座号	姓名	主题理解（30分）	语言交流（40分）	语法与词汇（30分）	总分（100分）	乐学善学	人文情怀	社会责任
						★★★	★★★	★★★

以现代刻字艺术课为例，本课程针对学生不同的素养维度、要素和关键表现，采用自评、互评和师评的评价方式。通过实施多元评价，充分挖掘并提升学生的美育能力。

现代刻字艺术综合素质评价表

维度	要素	序号	关键表现	自评	互评	师评
学习能力	能力与方法	1	基本掌握刻字的技能与方法			
		2	能熟练运用刻字技法进行创作			
	学习效果	3	双基扎实			
		4	作品优良			
交流与合作	团队精神	5	合作精神，集体荣誉感			
		6	团结同学，互帮互助			
	沟通分享	7	乐于交流分享			
		8	认识自己的优缺点，互相学习			
核心素养	审美感知	9	感知刻字的艺术魅力			
	艺术表现	10	利用刻字艺术表达情感，展现其艺术魅力			
	创意实践	11	激发灵感，进行艺术创新实践			
	文化理解	12	刻字艺术内涵的感悟与诠释			

说明：自评、（小组）互评、师评采用 A（90—100 分）、B（80—89 分）、C（70—79 分）、D（60—69 分）等级制。

第三节 突出外语，五育并举

在深化课程建设与实施过程中，学校硕果累累，获得社会各界的一致认可。这既得益于学校的宏观擘画，也离不开教师们的辛勤探索。学校一贯坚持"外语突出、文理并重、全面发展"的办学理念，为培养具有"中国灵魂，世界胸怀"的现代公民进行了有益探索。以下选取两则典型案例作介绍。

一、开发多元校本课程，凸显厦外外语特色

2021年12月21日，厦门市教育学会英语教学专业委员会年会暨新课程背景下外语校本课程开发研讨活动在厦外海沧校区举行，这也是学校建校四十周年系列活动之一。本次研讨活动由福建省普教室指导，厦门市教科院及厦门市教育学会英语教学专委会主办，厦外承办。活动还以线上直播的方式邀请福建省各地教师观摩指导，线上观看人数高达3500人次。

厦门市教育学会英语教学专业委员会年会在厦外举行

在活动中，学校英语组向参会教师介绍厦外多元的校本课程。这些课程旨在促进高中生英语核心素养的培养，满足学生个性化发展的需求，培养具有"中国灵魂、国际视野"的现代公民。本次活动的研讨课分高一、高二两个会场进行。高一会场，由杨淳老师和黄青老师带来课堂展示。杨淳老师作为学校法语教师，为高一英语生带来选修课程之第二外语法语入门课。课堂通过英法语言对比，帮助学生对法语的发音和特点形成初步印象，简要了解英语和法语之间的关系，领略法语魅力。杨老师组织学生以小组活动的形式进行"生日聚会"场景中的角色扮演，鼓励学生在真实环境中使用法语交流。本节课激发了学生学习法语的兴趣，是对第二外语校本课程的一次有益探索。

学生感受法语与英语的发音区别

　　除第二外语校本课程外，英语报刊阅读课也是学校英语校本课程体系的一大亮点。该课程贯穿在必修课程内，作为拓展课使用，旨在帮助学生开阔国际视野，拓宽知识维度，促进多元发展，提升英语核心素养。课上，黄青老师创设"校园英文广播站编辑招募"的情境，借助报刊文章作为群文载体，围绕趣味性极强的"Xenobots"主题，以"ABCD"原则指导学生进行概要写作。黄老师借助同一主题下的群文阅读，积累同义表达，帮助学生养成话题语言积累的学习习惯，突破概要写作中"语言转换"这一困难点，并以"Less is more."总结本课，重申了概要写作中语言精简的重要性。本节课为教师们开发报刊阅读资源、进行高考备考的教学指导带来不少启发。

　　高二会场的研讨课展示了厦外多元校本课程中的名著和戏剧课程。龚虹玲老师带来"名著育人，读后续演研讨课——典范英语之《麦克白》"。作为原版引进的英语母语学习材料，《典范英语》系列是厦外校本课程一直以来使用的文学阅读文本。龚老师首先与学生共同回顾课前已阅读的前三章人物和故事情节，接着引导学生回归小说文本，在文本深入解读中抽丝剥茧，层层剖析人物性格特征。课堂最后，学生进行 3 分钟的迷你短剧续演，呈现自己对麦克白内心冲突的深入理解及对故事后续发展的不同解读。

王丹丹老师则从戏剧育人出发，展示了一堂评价促学研讨课。她以学校编写的戏剧校本教材 Drama and Theater 中 The Diary of Anne Frank（《安妮日记》）为教学内容，通过视频形式与厦外英国姐妹校卡迪夫公学戏剧老师 Rhian Milton 进行交流，以双师课堂的形式共建中外学校戏剧课堂。在课堂上，王老师首先介绍人物描写的四种方法，紧接着引导学生与作者建立共情以加深对人物性格的理解。学生们精心准备，积极参与戏剧演绎，在层层深入的过程中充分体会作者对生活乐观的态度以及对爱的追求。王老师的课堂引领学生对自身成长进行思考，鼓励学生秉持乐观向上的心态坚定前行，感受戏剧带来的艺术体验。这正是美育的重要环节。

王丹丹老师与英国卡迪夫公学老师共同指导学生

学生尝试演绎戏剧

在四节校本课程研讨课中，学校外语组向参会老师们展示了报刊阅读、第二外语、名著和戏剧四个课程，充分展现了学校多元校本课程体系下的多元育人成果。学生在报刊阅读中拓宽视野，在二外选修中体验语言，在名著阅读中剖析人物，在戏剧演绎中体验人生。厦外学子的外语学习不局限于单一的教科书，而是以更加多元的方式，在动态多样的校本课程体系中获得全面而有个性的发展。

二、厦外劳动课之木工设计制作、活动评价与学生分享

学校一向坚决贯彻落实党的教育方针，坚持五育并举。技术教育是素质教育的基本组成部分，是学生技术素养形成的重要途径，对落实立德树人根本任务、实施国家创新驱动发展战略、弘扬中华优秀传统文化和提升全民劳动素养都具有重要的作用。普通高中通用技术课程，以提高学生的学科核心素养为主旨，以设计学习、操作学习为主要特征，是一门立足实践、注重创造、体现科技与人文相统一的课程。

十几年来，在校领导的重视和支持下，在通用技术学科组老师们的努力之下，学校结合通用技术课程的教育目标，以及劳动课程的要求，开展了很多主题实践项目。这些实践活动项目，既有技术图样的绘制，也有动手实践的木工制作，还有利用电脑设计的三维建模项目，既培养了学生的动手实践能力、创新能力，也让学生体验了劳动创造的乐趣和成就感，深受学生欢迎，取得了不错的教育效果。

学校在高一年级开设劳动课，其中一个项目是：小书架、笔筒、小板凳、小房子模型或小亭子模型的设计制作。学生们亲自体验从构思方案、绘制图纸到动手制作的整个过程，在真实的环境中，学会手工锯、电锯、锉刀、凿子、羊角锤、热熔胶枪等工具的使用方法，培养了创新能力、动手实践能力和解决实际问题的能力，从中体验劳动带来的喜悦和成就感。

学生们用他们稚嫩的双手，从开始的战战兢兢、手忙脚乱，到熟练操作各种工具，他们以百折不挠和精益求精的精神，亲手制作出木质作品，有些作品兼具创意和美观效果。以下为部分学生作品以及制作、交流过程

的图片。

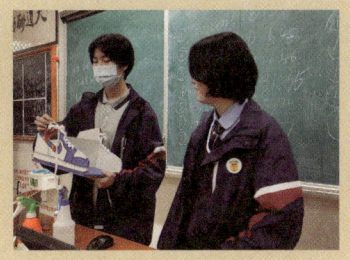

学生展示木工制作过程和成果

学校的劳动教育课有完整的体系，老师们自己编写校本教材，并且多年来不断加以完善。以木工和KT板材料操作这一实践项目为例，内容共分为七个课程，如第一节孔明锁的制作，第二节小书架的设计与制作，第三节鞋架的设计与制作，第四节桥梁模型的设计与制作，第五节电动小车的设计与制作，第六节KT板小别墅的设计与制作和第七节学生自定主题的设计与制作。每一节内容都有明确的实践活动目标，图纸及组装步骤，材料、工具、实践活动形式及课时安排要求，还呈现了活动评价表以及往届学生作品展示。以学生评价表为例，教师引导学生通过自评、互评，畅谈劳动感悟与收获，提出活动改进措施，从劳动教育课中提升学生的综合素养，从而达到以劳育人的目的。

劳动教育活动学生评价表

担任职务			
责任分工			
	劳动教育活动评价项目	自评	互评
1	在劳动技能操作中做到安全第一，把安全意识和安全行为放在首要位置。	非常符合□ 基本符合□ 不 符 合□	非常符合□ 基本符合□ 不 符 合□

续表

2	在活动前做好充分的预习工作，了解相关的主题内容，仔细阅读相关链接。	非常符合□ 基本符合□ 不 符 合□	非常符合□ 基本符合□ 不 符 合□
3	在课堂上积极参与活动，根据活动要求，完成好自己的工作。	非常符合□ 基本符合□ 不 符 合□	非常符合□ 基本符合□ 不 符 合□
4	积极按时完成教师布置的任务，实践操作合乎要求。	非常符合□ 基本符合□ 不 符 合□	非常符合□ 基本符合□ 不 符 合□
5	顺利完成动手任务，做出的物品达到合格水平。	非常符合□ 基本符合□ 不 符 合□	非常符合□ 基本符合□ 不 符 合□
6	能够做到举一反三，用本节课学到的劳动技能为自己或家人的生活服务。	非常符合□ 基本符合□ 不 符 合□	非常符合□ 基本符合□ 不 符 合□
7	在活动中体会到劳动的意义，树立正确的劳动价值观。	非常符合□ 基本符合□ 不 符 合□	非常符合□ 基本符合□ 不 符 合□
改进措施：			

以下是部分学生的体验和感受：

高一年级的第一学期，我们迎来了第一节劳动课，运用所学理论知识画出设计图，然后手忙脚乱地在教室里尝试各种木工工具。从电锯到钉子再到热熔胶枪，一时间木屑横飞，撞击声络绎不绝，被老师吐槽为"装修现场"。刚开始问题很多，锯子拿不稳，钉子打歪钉出"暗器"，木屑飞进眼睛也是常有之事。通过一次次的尝试和请教，我们终于将一块块粗糙的木板钉成整体，再辅以热熔胶，大功告成！洋洋得意之时，才发现有的小组已经开始装饰上色、完善作品，无论是设计还是做工质量都让我们望尘莫及。不过从纸上谈兵到付诸实践的过程依然让我们回味无穷。

　　劳动就是如此，不是一下子趋于完美，而是个不断改进的过程。学习他人的作品也让我们收获良多。从抽拉式设计到合页的使用，这次劳动课让我意识到，只要敢想，一切皆有可能。而做到物尽其用、不浪费材料则是另一个需要我们思考的问题。劳动是财富和幸福的源泉，期待下一次能做出更好的作品。

——高一（11）班　郭金奇、李云昊

　　在第四、五节的劳动课上，我们体验了木工制作。我和搭档相互配合，做出了实用且质地光滑的笔筒。制作的过程给我们留下了许多美好回忆，也让我们学到了许多课本学不到的知识，增长了见识，提高了动手实践能力，十分新鲜有趣。

　　进入劳技专用教室的一刻，我们充满了好奇和疑惑，面对从未接触过的工具感到不知所措。在老师的指导下，我与搭档讨论并制订了详细的制作方案，明确每一步的工作计划。制作过程中我们充分沟通交流，求同存异，精益求精，努力打造精致又有创意的作品。

　　在繁重的学习生活中，安排这样的木工活动，给了我们放松和享受生活的机会，让我们更多地感受生活、理解生活。

　　这次活动我们收获颇多，希望以后还有更多的实践机会去体验。感谢老师的悉心指导，同时也为我们的汗水和心血鼓掌！我们的作品将陪伴我们三年甚至更长的时间，成为我们青春中绽放的一朵小小烟花。

——高一（12）班　陈振灵、郑语芊

第四节　立足当下，奠定一生

　　回顾学校历史，从鼓浪屿上的厦门英语中学到如今的一校三区，学校承载着厦门教育的重托，其发展既是学校综合化、体系化构想的成功实践，更是厦门特区腾跃的缩影。面对国内国际的新形势和新局面，学校在未来仍应继续发扬"勇立潮头、勇毅前行"的精神，在课程建设与实施上积极探索，不断深化中国特色社会主义新时代的教育教学理念。基于此，学校有四点设想。

一、整合优势资源，做强外语特色

借助国家战略，发挥区位优势。在今后的外语教学过程中，应重视国际交流合作对学校人才培养及学科建设的推动作用，找准切入点，结合学校自身优势，增强跨学科意识，不断强化外语特色。在深化外语学科建设的基础上，增强外语学科的核心竞争力，努力将学校外语学科建设成在全国有较大影响力和辐射力的品牌学科。

深化国际交流，探索国际交流的新模式。通过创建品牌交流项目，把厦外打造成为国内知名、省内领先的青少年国际交流示范学校。搭建学生多元成才平台，加快和扩大新时代教育对外开放。根据国内外先进教育理念，结合学校具体学情，制订厦外英语学科标准。着力打造多元目标课程体系，不断开发各类校本课程，形成"Learning"理念课程体系。严格落实基础课程、传承和创新拓展性课程和活动课程，因材施教。大力发展学生社团，不断优化创新育人机制，打造多渠道人才培养模式，实现从标准化培养向多样化个性化培养的跨越发展。

拓宽课程资源，用贴近现实、兼具学术的资源为教学服务。用好高校资源，调动学生、家长、社会各方参与课程开发和教学过程的积极性。深化外语教学改革，持续开展外语教研，做好省学科教学研究基地学校项目和省普通高中优质学科课程建设项目，加强与国家示范外国语学校的互动。在国家课程校本化方面继续保持优势，开发外语学科精品校本课程，坚持小好外语节、学术讲座、选修课、社团活动等活动课程，鼓励学生参加"希望之星""模联""商赛"等优质外语类比赛。开展基于家国情怀和全球胜任力培养的外语大课程建设，开发外语与多学科融合的高端外语预备人才课程和实践课程。利用外语优势，对外讲好中国故事，传承、传播中华优秀文化，从而帮助学生提高对多元文化的理解能力，提高跨学科运用、信息处理能力，并形成批判性思维。

重视外语名师队伍建设。争取培养一批在全国、省市都具有一定影响力的名师团队，并在省市名师学科带头人中占有一定比例。做好外语青年教师培养，加强外语教师到目标语种国家的培训力度，打造"高品德、高素质、高技能"的"三高"外语教师团队。

开设好非通用语种课程，联合其他外国语学校积极建设非通用语种教研平台。做好法语、德语、日语、西班牙语等多语种教学模式研究，提升非通用语种的专业建设和教学质量，加强以英语为主体的"1+N"多语种教学研究，充分发挥厦外外语学科的特色和品牌优势。

深化现有姐妹校关系，创新和海外姐妹校的交流形式。通过开展师生互访、课题研究、同课异构、艺术体育交流等活动，探索线上线下国际交流新模式。弘扬中华优秀传统文化，以精品课程建设推动中华文化走出去，并与国外姐妹校共建课程资源，完善学校国际理解力和跨文化交际校本课程。开发以培养学生的国际理解力和跨文化领导力为目的的优选交流项目，鼓励学生积极参加以外语为基础的国际学科竞赛和科创活动。

搭建学生多元成才平台，做好海外留学指导和服务。深耕出国留学合作项目，为学生国际化升学提供丰富的信息与多样化的选择。鼓励学生用好学校的海外顶尖大学的直通车项目资源。加强学校与高水平海外大学合作，为厦外学子的海外升学提供更多捷径。

二、搭建多元平台，培育创新人才

优化学校初高中一体化培养模式，提升"2.5+3.5"培养品质。统筹安排做好师资配备、课程优化、管理服务，加强优质生源的理想信念教育。从初一年开始直至初三年，积极实施竞赛课程的贯通培养，同时通过"2.5+3.5"一体化学习模式，聚焦初三直升强基班学生的培养。

完善五项学科竞赛辅导制度和教练培养机制。改进竞赛工作方案，将五项学科竞赛辅导纳入校本课程管理，开展基于生源特点的竞赛课程设置和建设，将学科竞赛内容融入钱学森班的整体教学内容中，与高考学科内容构成完整的教学体系。提升竞赛教练专业化水平，加强竞赛辅导常规要求，提高竞赛教练补贴标准，提升竞赛教练积极性。筹建竞赛学科微型图书馆，构建以校内为主、校外引智为辅的竞赛教练团队，积极组织拔尖学生冲刺高级别竞赛奖项。融合钱学森班课程与学科竞赛课程，提高钱学森班教学的广度和深度，让更多学子受益于高考和竞赛融合课程，提高高考成绩的优秀比例和高校强基计划测试的竞争力。

结合知识产权普及教育和英才计划平台，优化开展科技创新教育，多角度多层次提升学生科学素养。厦外是全国首批英才计划参与校，于2013年开始参与英才计划项目。至今已有90名优秀学生参与了该项目，位居全省前列。2019年荣获全国英才计划优秀组织实施单位称号，2022年获评英才计划首批基地校。组织科技社团活动，每年定期举办科技节、学科竞赛，组织学生参加科技创新大赛，提升学生科学素养。推进基于项目的STEM学习，促进高效学习。

聚焦以培育核心素养为目标的育人方式变革。探索基于情境、问题导向的课堂教学模式，加强深度学习和项目式学习等跨学科综合性教学研究，探讨信息技术和教育教学的深度融合，进一步加强素质教育，在"五育并举"的理念下，实现拔尖创新人才的早期培育。

三、注重五育融合，促进学生全面发展

积极营造校园体育、美育、劳育的教育氛围，培养学生艺术感知、审美能力和文化素养。丰富校园体育活动，强化体育锻炼，培养学生的运动习惯和体育精神；持续开展全国青少年校园足球特色示范校工作。发挥劳动教育的作用，建构集合日常生活劳动、生产性劳动、服务性劳动于一体的具有厦外特色的劳动课程体系。

巩固校园文化建设成果，拓宽美育在素质教育中的重要作用。把美育、体育和劳动教育作为新时代创新人才培养的基础工程，发挥五育融合、五育并举的综合作用。开齐、开足美育国家课程，开发特色化、精品化的美育系列校本课程，结合校园"五大节"开展美育。对接高水平艺术教育基地和艺术特色社区，建立友好合作关系，丰富美育资源。

保证学生每天"阳光一小时"校园体育活动，推动高中体育专项化发

展。继续打造校园足球、游泳、羽毛球、乒乓球、网球、击剑、棒球、定向越野等多元体育项目特色,提高篮球、排球、田径项目的竞技水平。

开发校内外劳动实践基地,将劳动教育融入研学活动。建立劳动教育督导机制,将劳动教育纳入综合素质评价。做强 AI 课程、通用技术课程、3D 打印机课程等特色劳动课程,形成厦外校本课程的品牌辐射效应。

四、完善课程管理评价,促进学校可持续发展

积极通过创设多种渠道获得校外课程专家的支持和指导,优化校本课程的架构。充分发挥学校优势,与重点中学、高校建立深厚联系,以研讨会、座谈会等形式定期交流经验,博采众长,推动校本课程框架逐渐完善。

进一步加强教师的课程意识,增强教师课程开发能力。通过完善《校本课程开发与实施指南》《校本课程评价指南》,定期进行课程方案的评价、教的评价和学的评价,完善学校对教师课程实施的评价和激励机制。加强教师队伍学习理念的培养,促进学校课程建设与实施的可持续发展。

课程建设与实施是理论与实践的统一。当前,学校课程建设的成效充分论证了课程设计的正确性与合理性。在日新月异的时代潮流中,学校未来的课程建设不仅要适应中国发展的新常态,还要直面世界局势带来的机遇和挑战。因此,探索和创新一直在路上。

第五章

体美融合传承，劳动赋能成长

第一节 精彩体艺，趣美劳育

学校在示范性普通高中建设学校的申报、创建、认定和辐射的过程中，加强体育、美育和劳动教育建设并取得显著成效，主要体现在以下几个方面。

一、夯实体育特色发展，学生在强健体魄中彰显个性

学校牢固树立健康第一的教育理念，开齐开足优质体育课，加强体育课程建设，推广中华传统体育项目，强化学校体育教学训练，健全体育竞赛和人才培养体系，开展丰富多彩的体育运动，让运动成为师生的习惯和时尚，在体育锻炼中享受乐趣、增强体质、锤炼意志、健全人格，推动体育锻炼和文化学习协调发展。

学校组织篮球、排球、足球、乒乓球、羽毛球、田径、游泳、网球、击剑、健美操、定向越野等运动队，进行有效训练，游泳、健美操、乒乓球、定向越野等项目均取得省一等奖的好成绩。厦外获评"全国校园足球特色校"，曾获福建省青少年校园足球联赛暨中学生足球联赛冠军、厦门市青少年校园足球中小学联赛高中男子甲级联赛冠军。2020年学校两位同学入选全国校园足球最佳阵容，并同时入选校园足球国家队，荣获国家足球一级运动员证书。此外还有15名队员获得"国家一级运动员"证书，18名队员获得"国家二级运动员"证书。厦外还获评"福建省游泳特色项

目传统校"，校游泳队2人达国家一级运动员标准，8人达国家二级运动员标准。定向越野获评厦门市体育传统项目校，竞赛成绩优异，包揽国家、省、市级多项荣誉，于2023年全国青少年定向锦标赛摘得1金、4银、1铜，以团体总分全国第二名的优异成绩为本届全国赛收官，创福建省中学生历史最佳成绩。截至目前，定向越野队已累计取得55枚金牌、42枚银牌、25枚铜牌。此外，击剑项目获得2021年福建省示范性高中重剑女团亚军，网球项目获得2020年度福建省示范性高中一等奖、男团亚军。厦外陈雅繁老师在2022年福建省义务教育阶段体育教师教学技能展示活动中喜获一等奖。

田径运动会"奔跑向未来 筑梦新征程"

厦外球员入选全国青少年校园足球国家队

厦外定向越野队获全国冠军

二、扎根传统文化沃土，凸显美育特色

以美育人，大美厦外，学校以提高学生审美和人文素养为目标，将美育纳入学校人才培养全过程，完善美育课程体系、开齐开足美育课、深化美育改革，推动艺术实践活动常态化，加快艺术学科创新发展，深化艺术教育交流与合作。学校的美育扎根优秀传统文化沃土，润泽生命、涵养美好心灵，注重突出中华美育精神、民族审美特质；注重学科融合，将篆刻、木版年画、扎染、珠绣、掐丝珐琅、布贴画等非遗文化有机融入美术课。开展校本化研究，撰写美育课程，学校书法、美术、合唱、舞蹈、乐团、戏剧表演、诗歌朗诵等艺术活动精彩纷呈，屡次获奖。"飞越四秩，赓续华章——校庆文艺演出"全球直播，参与表演的学生达600人，演出以中华优秀传统文化为主线，展示与厦门经济特区建设同频共振的厦外建校四十年发展历程，展现厦外人心手相连、与祖国发展同呼吸共命运的大气磅礴；"爱我中国，心中的歌"迎国庆云端歌会以歌声献礼祖国，广受社会关注，被17家媒体转载；"心之所向，行之必至——大厦外云端艺术展演"携手15所合作校、辐射校集中展示"大厦外"美育成果，探讨五育融合。

校管弦乐团连续多次获全国、省、市器乐比赛一等奖，全国中小学生艺术展演金奖，获评首批福建省中小学示范性高水平学生乐团，成为国内中学生乐团名片，并走向世界参与艺术交流。乐团坚持每年举办专场交响音乐会，海内外校友与在读乐团同学同场演出，凝聚厦外人强大的向心力。

校舞蹈团"中国民族民间舞蹈"项目入选教育部"第三批全国中小学中华优秀传统文化传承学校"名单，获福建省第八届少数民族传统体育运动会开幕式表演赛金奖，市中学生舞蹈比赛一、二等奖，每年精心编制的两首大课间青春舞蹈融合艺体之美，媒体点击达上千万。

校合唱团获评厦门"鹭岛少年"合唱团，获福建省艺术展演一等奖、第四届世界合唱比赛银奖、纪念反法西斯暨抗战胜利60周年全国合唱展演银奖，连续获得厦门市中小学合唱比赛一等奖。此外，钱学森班班级合唱还荣获福建省艺术展演二等奖。

校合唱团在庆祝中国共产党成立100周年歌咏比赛中斩获厦门市中学组第一名

三、综合性劳动教育，培养学生正确的劳动价值观

作为厦门市中小学劳动教育示范学校，厦外认真落实《厦门市全面加强新时代大中小学劳动教育的实施方案》，加大推进劳动教育改革和实践力度，健全"课程育人、文化育人、实践育人"三育人的长效机制，构建一体化劳动教育的育人体系；落实"中小学劳动教育周"活动，参加全市中小学劳动教育成果展示，以实践育人为主题在2023年厦门市德育工作会议上做主题分享；多篇一体化劳动育人改革创新典型案例被收入市级汇编，《多元平台志愿行，劳动服务进社区》入选福建省中小学劳动教育实

践特色项目。

推进劳动教育课程建设。开设劳动教育必修课，建构校本劳动教育课程体系，编制《厦门外国语学校劳动实践指导手册》和《劳动教育校本教材》，将劳动教育融入学科教学、校园文化建设和社会实践活动。开发劳动教育线上线下课程、开拓劳动教育研学实践基地，课程化、系统化地推进劳动教育回归生活，知行合一，突出劳动教育的创造性、公益性、探究性和体验性，即将劳动教育与个人成长相融合，有目的、有计划地组织学生参加日常生活劳动、生产劳动和服务性劳动。学雷锋系列服务性劳动成为学校名片，2023年的学雷锋月启动仪式受到省市媒体广泛报道。与此同时，推进劳动教育评价体系研究，将学生劳动教育情况作为学生综合素质评价的重要内容。

校外劳动教育基地主题研学活动"探索现代农业的奥秘"

第二节 融合创新，传承发展

立德树人，思政引领，五育并举，学校以制度化、前瞻化、课程化、常态化、实践化、品质化为目标，将体育、美育、劳动教育纳入人才培养全过程，成就学生的每一个可能。

一、无体育不厦外，健康第一，终身体育

学校落实《关于全面加强与改进新时代学校体育工作的意见》精神，

在体育教育中着力培养学生运动能力、健康行为和体育品德三大核心素养，强化健康第一、终身体育的教育理念，推进体育教育高质量发展。

《体育与健康》课程以高中模块教学为基础，根据新课程标准开展田径必修课程、体育与健康必修课程、水上安全救生校本必修课程，以及足球、篮球、排球、羽毛球、健美操、排舞、民族传统体育、网球等模块课程。每个学生经过高中三年的学习，都能够熟练地掌握田径、游泳技术、水上救生技巧、CPR心肺复苏技术等技能，还能够在自己选择的模块项目上得到巩固和提高，养成终身体育的习惯。

学校体育活动分为田径运动会、游泳运动会、体育节、大课间比赛等4大系列共65个项目的比赛。平均每个学生每学年能参加6个项目的比赛。学校鼓励学生开展体育社团活动，现有击剑、网球、足球、排球、篮球、羽毛球、台球、乒乓球、健美操、东方舞、街舞、五祖拳、永春白鹤拳、长拳、太极拳等体育社团共25个，每周定期开展活动。

一年一度田径运动会共设3个组别64个比赛项目，涌现出一大批运动达人。配合运动会开展会徽设计、会歌创作、入场式表演、运动达人评选、运动海报评比、老歌会等活动，每年的运动会既是节日盛宴，也是多学科融合的项目式实践活动。

作为福建省游泳传统校，学校的游泳运动会已经有10年的历史，2个组别，4种泳姿，32个比赛项目的最高纪录都有自己的归属，许多学生从校赛一直游到市赛、省赛乃至国赛。

游泳运动会上，运动员勇往直前

每年 3 月到 5 月，学校开展体育节，组织足球、篮球班级对抗赛，羽毛球、乒乓球个人淘汰赛，网球挑战赛、击剑擂台赛等赛事，参与面广，关注度高，一直是学生们最期待的"春暖花开"。

击剑展示
矫若飞龙

学校坚持每天锻炼一小时阳光体育活动，组织大课间、体锻、学生体质健康标准测试，开展如跳绳、踢毽子、垫排球、8 字绕杆、10 人 11 足接力、啦啦操、齐心鼓、呼啦圈过河等趣味体育比赛，放松身心，团结奋进。

多元体锻

二、厚植优秀传统文化，融合美育润泽心灵

学校加强美育与德育、智育、体育、劳动教育的渗透与融合，充分挖掘和运用各学科蕴含的中华美育精神与民族审美特质的心灵美、礼乐美、语言美、行为美、科学美、秩序美、健康美、勤劳美、艺术美等美育资源，充分利用优秀传统文化资源，扎根时代生活，以项目式学习方式开设

《中华优秀传统文化之美》课程，开展以美育为主题的跨学科教育教学，融合语文组《论语》《红楼梦》《庄子》整本书阅读、思政组《中国传统哲学的美与力量》、地理组《二十四节气之美》、美术组《非遗文化进校园》、生物组《碳中和与天人合一》、物理组《从观星到探月》、英语组《多语种演绎传统戏剧》等学科课程的美育价值，塑造学生健康的价值观、精神面貌与审美情趣。

学校坚持面向全体、激发学生艺术兴趣和创新意识，丰富审美体验、开阔人文视野、引导学生树立正确的审美观、文化观，采用点面结合的培养模式提高每一位学生的艺术技能。例如，高一年开设校本诗朗诵课程，以班级为单位，全员参加经典诵读比赛，高二年开设校本合唱课程和美术课程，以班级为单位，全员参加经典传唱比赛，参加非遗美术作品制作，高三年全员参加青春舞蹈展示，力求每位同学在高中三年能掌握四项艺术技能并有上台展示的机会。同时通过校级艺术团体如校语言艺术表演团、校管弦乐团、校合唱团、校舞蹈团、校美术社、校新疆舞艺术团和丰富多彩的艺术社团如街舞社、东方舞社、戏剧社、RAP社、乐队、相声社、动漫社、书法社、扎染社、掐丝珐琅社、珠绣社等培养艺术骨干，通过每年的校园文化艺术节、外语节、读书节、红五月优秀传统文化展演等平台充分展示厦外学子的美育素养，以美育人，以文化人，以美培元。

红五月经典诵读

校文化艺术节美育展演女子群舞《沁园春·雪》如诗如画

三、劳动教育融入文化育人、实践育人、课程育人

劳动创造美好生活，劳动教育培养劳动技能。学校锻炼学生的集体意识、合作意识、奉献意识和责任意识，并在住宿生活中锻炼学生的劳动能力，在校园文化建设中强化劳动文化，培育良好的劳动观念、劳动精神，实现"实践育人"的工作目标。

学校把劳动教育作为入校第一课，提倡劳动教育回归校园生活、回归家庭。坚持将劳动教育融入实践课程，倡导劳动实践人人参与。建立校园责任区美化保洁制度、值周班校园志愿服务制度、班级卫生、宿舍内务整理评比制度、志愿者服务制度，常态化实施劳动教育。开发木工制作、金工制作、一米花园、3D打印、AI课程等丰富多彩的劳动课程，建立了校本劳动课程体系，同时允分利用信息技术手段拓宽劳动教育的广度与深度。学校积极打造劳动最光荣的文化氛围，每年三八节开展致敬物业、保洁、生管女员工的活动，五一节开展点赞身边劳动者活动，每月表彰垃圾分类绿海鸥环保之星，培养学生正确的劳动价值观，不断提升学生劳动素养。

劳动即教育，劳动即体验。每年的寒暑假精心开发综合实践校本课程，通过亲子互动完成系列劳动实践项目，定期开展劳动成果展示，从而分享劳动经验、传承劳动精神。

学校长期常态化开展丰富多彩的学雷锋活动，服务性劳动形成品牌，通过行动潜移默化，达到知行合一。学校组建了 50 多支志愿服务队。其中十几支的队龄已有十几年，保送生志愿服务已经坚持开展 18 年，党员志愿服务队、教职工志愿服务队、家长志愿服务队常年开展志愿服务活动，每年参与教师超过 400 人，家长超过 1000 人，在 41 岁的厦外校园里，一届又一届的学生接过这个无形的"接力棒"，投身到志愿服务中，追求社会价值。

劳动教育主题实践活动"学雷锋，厦外是行动派"

学雷锋月主题活动"传承雷锋精神 赓续青年使命"

厦外保送生联合二中志愿服务队开展鼓浪屿实践活动

第三节　实践育人，知行合一

一、服务性劳动让雷锋精神在新时代绽放更加璀璨的光芒

传承雷锋精神是德育的重要内容，形式丰富的学雷锋志愿服务是厦外师生身体力行的优良传统。通过服务性劳动让学生获得道德体验，知行合一，让雷锋精神在新时代绽放更加璀璨的光芒。

（一）回报母校，服务社会

校本劳动课程《回报母校，服务社会》已实施18年。学校每年派出100多名保送生投身各种服务性劳动，锻炼社会实践能力、培养感恩意识和责任担当，年均志愿服务时长17000多个小时，年均服务人数达20000人。在保送生开展服务性劳动之前，学校组织他们参加礼仪培训，并学习如何撰写感谢信、如何开展社会实践调查、如何撰写主题实践报告等。

在"回报母校"服务性劳动中，学生们探访母校，协助初招、中招咨询和宣传工作，参加年段导优辅差工作，协助策划组织外语节、红五月、读书节、毕业典礼、成人礼等校园活动。学生们编辑制作的《毕业年册》用光影与文字记录青春流年，而撰写的《保送秘籍》则毫无保留地为学弟学妹传授保送经验，这是厦外人传承的印记。

在"服务社会"活动中,学生们到华侨博物馆、陈嘉庚纪念馆、诚毅科技馆、厦门科技馆、厦门市图书馆、福建省随心助残公益服务中心开展服务性劳动,他们翻译文献、策划大型活动、义务讲解、宣传五史教育、弘扬厦门精神、科技精神、志愿服务精神,在服务性劳动中回报社会、奉献社会。

保送生于陈嘉庚纪念馆开展"回报母校,服务社会"活动传承嘉庚文化

学生们还到厦外海沧附校、厦门二中鼓浪屿英语实验班、厦外瑞景分校、海沧中心小学开展支教工作,自2018年以来,每年都有保送生到海沧中心小学支持乡村少年宫建设项目,这些小老师通常一出场就能引起"哇"声一片,至今累计开展服务超过60次,服务师生6000余人次。厦外保送生还曾前往龙岩、南安等地支教,德行合一,我们始终相信今日种下的小小种子,或许在未来某一天会迸发出大大的能量。

(二)星垂平野,大爱无疆

根据统计,我国有超过1000万的孤独症人群,其中孤独症儿童超过200万,他们听得见,却对声音没有任何表情,有语言却不愿意和他人交流,有行动却无法为常人所理解。他们沉浸在自己孤独的世界里,不会交流,不会沟通,就像天空中闪烁着却遥远的星星,所以被称作"星星的孩子",也简称为"星宝"。2009年以来,学校陆续组建星光志愿服务队、星陪志愿服务队、星缘志愿服务队,坚持开展"星垂平野,大爱无疆"关爱孤独症群体志愿服务活动。星光志愿服务开展"心·行"爱心跑、联合兄弟学校开展义演义卖，把筹集款项用于开展孤独症儿童康复课程，开展微电影拍摄、孤独症患者陪护、"蓝丝带"关爱活动。星陪志愿服务队和多个爱心志愿服务组织共同成立了万千星星爱心公益研学联盟，志愿者参加如何和孤独症儿童相处的培训，了解孤独症知识，为星星月季花园的孤独症特需群体募集捐款，定期到星星月季花园陪伴"星宝"，参与烘焙、园艺课程，或是牵着"星宝"的手外出参观，或是一起做游戏，开展社会融合活动。星缘志愿服务队参加随心公益组织多项融合活动，"多跟'星宝'讲讲话，多花点时间在他们身上，或许就会有小小的不同，期待着这些小小的不同会照亮'星宝'的未来。"志愿者们如是说。

二、艺术展演显风采，以美培根育英才——厦外在 2022 年省、市艺术展演中喜撷硕果

美是纯洁道德、丰富精神的重要源泉。美育以想象时空中情感体验的方式提升人的审美与人文素养。厦外坚持五育融合，把美育纳入学校人才培养全过程，以美育人、以美化人。在 2022 年福建省、厦门市艺术展演中厦外管弦乐团、厦外合唱团、厦外语言表演艺术协会、厦外摄影协会、厦外书法协会等艺术团体表现突出，喜获大奖。

福建省第七届中小学生艺术节由福建省教育厅主办，厦外管弦乐团以当代作品《丹松舞曲》入围在榕举行的现场展演。乐团的演奏从抒情轻快到浓烈奔放，洋溢着青春活力，尽显拉美风情。激情四射的尾声将全曲推向高潮，引爆全场，终获本届艺术节器乐一等奖，这也是厦外乐团第六次获此殊荣。值得一提的是，从 2018 年以来，厦外乐团四次福州行，每一次的呈献都是大作：《蝙蝠序曲》《命运之力》《沃尔塔瓦河》《丹松舞曲》，不变的是排练中的卓越追求，上场前的深情鼓励，登台时的自信微笑，演奏时的专注投入，谢幕时的热烈掌声，出厅后的欣喜合影。一届届厦外乐手薪火相传，热爱于心，享受其中。厦外没有招收艺术特长生，却在全国展演连续多届都有出色表现，而且一直是由学校教师担任指挥，这正符合全面实施美育的趋势，厦外乐团的模式值得推广。

学校摄影协会成立于 2009 年，是团委学生会四大协会之一。在烈日下，在舞台后，在黑暗中，学生们手持相机，心怀热爱，力求完美，做默默无闻的付出者，做任劳任怨的工作者，做定格点滴的记录者。历年来，摄影协会获得过多项校级集体奖项，多项视频作品在各大媒体平台有着极高点击量。微拍作品多次获省一等奖。摄影作品《渔》获福建省第七届中小学生艺术节艺术作品类摄影三等奖。用影像理解世界，以镜头记录时代，学生们用光影与色彩的语言描绘出校园最唯美的一角。

用声音诠释文化，让文化丰盈心灵，学校语言表演艺术协会透过语言表演艺术表达时代精神，传承中华优秀传统文化。协会作品《播火者》获福建省第四届中华经典诵写讲大赛"经典诵读大赛"中学生组二等奖、参加福建省"学宪法讲宪法"演讲比赛获省二等奖、参加厦门市说金砖演讲比赛获市一等奖、参加厦门市青少年网络文明素养大赛演讲比赛获市一等奖。

学校美术组常年致力于学生美术特长的培养，从第四届全国中小学生艺术展演开始，在绘画、书法、摄影等项目中都取得丰硕的成果，作品《快乐的假期》《绿色马拉松》获全国一等奖，作品《家乡》获全国三等奖，作品《兰亭集序》获福建省第四届中华经典诵写讲大赛"笔墨中国"汉字书写大赛软笔中学生组三等奖。

以美培元，艺术之美成就厦外学子的灵动气质。

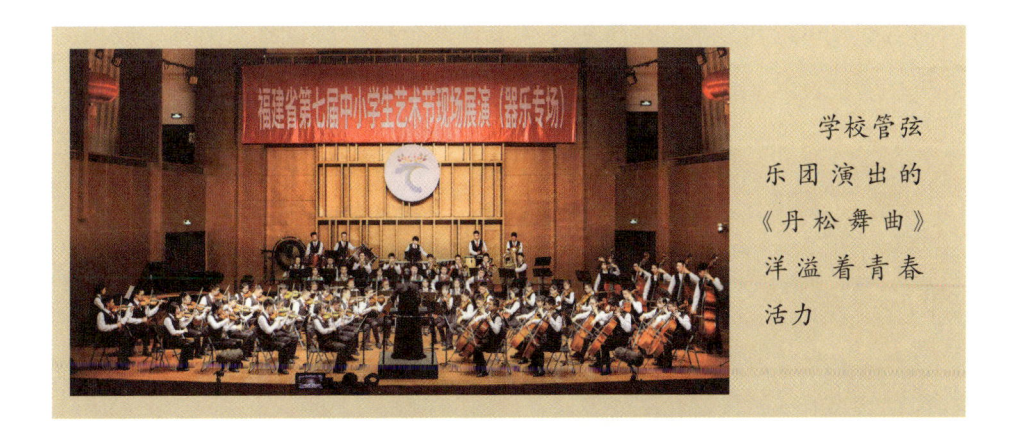

学校管弦乐团演出的《丹松舞曲》洋溢着青春活力

三、心之所向，行之必至——深度探索厦外美育一体化教育

2021年12月19日上午，厦外携手15所合作校、辐射校，为"大厦外"师生、校友以及所有关心支持学校发展的社会各界朋友们精心打造了一场丰富多彩的"云端艺术展演"。这是"大厦外"美育成果的一次集中展示，是厦门经济特区建设四十年以来厦外美育工作的精彩缩影。

"大厦外"云端艺术展演展示美育成果

本场活动由校长谢慧总策划，副校长周毅执行，德育科负责协调15所学校联合举办。活动创新了展演的方式，采取录播与直播相结合、艺术节目和校长论坛相结合的形式，十多位校长围绕"打造美育品牌，创新文化交流""丰富美育内涵，促进五育并举""双减落地有声，美育普惠加餐"三个话题展开讨论和分享。这既是一次厦外及合作校对自身"美育"成果的展示，更是各校对拓宽"美育"路径和提升"美育"质量的一次探讨。

"大厦外"合作校校长共话美育

（一）志美行厉，美美与共

怎样践行"以美育人""五育融合""双减增效"？答案见仁见智。校长们分享了自己学校实践的经验和成果，也一起探讨了未来努力践行的方向。结合生情和校情，依托学校自有的资源和平台，搭建适合学生发展的平台，打造特色社团，将学校的品牌社团与地域文化有机融合。德育铸魂、智育培基、体育强身、美育润心、劳育励志，将"五育"有机融合，兼顾学生的全面发展与个性发展，实现育人效应的最大化，是每个学校的共同目标。

（二）精彩纷呈，好评如潮

本次云端艺术展演的节目精彩纷呈，各具特色，形式新颖，好评如潮。观众在屏幕前为自己喜爱的节目热情应援，线上点击率近100万，获1.66万点赞，充分彰显了学校的办学实力和社会影响力。

参与展演的学生超1000人，分别来自15所学校。共有30多个艺术作品在直播间逐一展示，涵盖歌曲、舞蹈、器乐、书法、朗诵、话剧、漆线雕等类型，为观众带来了一场视听盛宴。

线上交流方式也让更多关心学校发展、关心特区教育的市民参与其中，纷纷留言点赞。

（三）心之所向，行之必至

本次云端艺术展演收到近50个艺术作品，是"大厦外"美育成果的集中展示，也是合作校之间的一次交流互鉴。学校坚持年年举办合作校的交流展示活动，包括教师教育论坛、优秀教研组展示、教学开放周、亲子悦读分享、艺术展演等主题活动。近年来，学校积极探索线上交流活动，有效解决了交通不便和场地压力等问题，合作校、辐射校师生参与"大厦外"活动的热情高涨。

厦外和合作校在"五育融合"和"双减增效"路上的探索永不止步。以美育人，大美厦外，心之所向，行之必至。

四、独具特色，传承文化——厦外舞蹈团入选全国名录

2021年，学校特色项目"中国民族民间舞蹈"成功入选教育部第三批

全国中小学中华优秀传统文化传承学校名单。学校全面普及舞蹈美育课程，弘扬中华优秀传统文化，专职舞蹈教师李立峰上过央视春晚，"舞"所不能。2012年，李立峰老师组建了学校第一届"学霸男团"，以阳刚帅气的舞姿，斩获厦门市中学生舞蹈比赛中学甲组一等奖。而在高考时，"学霸男团"考出了两人"清华"、两人"人大"的优异成绩。舞蹈可以缓解疲劳、放松身心，且舞蹈动作涉及空间感十足的立体记忆，也能锻炼学生的注意力、记忆力、思维能力，有助于学生能力的培养。

学校独具特色的舞蹈美育校本课程体系包括舞蹈理论与赏析课、舞蹈实践课、民族舞选修课、舞蹈社团课、美育对外交流课、舞蹈兴趣课。

舞蹈理论与赏析课：旨在引导学生了解多种多样的民族舞蹈种类，培养学生欣赏、分析和评价舞蹈作品的能力，由"外行看热闹"转向为"内行看门道"，并更加深入地了解我国传统民族文化，激发对传统民族文化的热爱，同时培养学生发现美、欣赏美的能力。

舞蹈实践课：通过舞蹈教学让学生了解自己的身体，学会控制自己的身体，从而提高肢体的灵活性、协调性和节奏感。在2020年校运动会开幕式上，李立峰老师领舞的"学霸版《无价青春》"走红网络，被多个媒体平台转发，累计关注度和播放量达两千多万。

大课间集体舞《你要跳舞吗》

民族舞选修课：这是基于学校新疆班特色开设的选修课。学校目前有100多名新疆班学生，包括汉族、维吾尔族、哈萨克族、塔吉克族、回族、蒙古族、乌孜别克族等多个民族的学生。因此，高二年级开设的民族舞选修课涉及汉族舞蹈、维吾尔族舞蹈、蒙古族舞蹈、傣族舞蹈、藏族舞蹈、朝鲜族舞蹈等内容，旨在通过民族舞选修课的学习，加深学生对我国多民族文化的理解和感知。

男子群舞《狼图腾》

舞蹈社团课：学校在2012年确立了"男子舞蹈团"的特色发展模式，成为了厦门市乃至福建省中学男子舞蹈的拓荒者，并开始在省市级舞蹈比赛和电视媒体等各大平台中崭露头角。男子蒙古族群舞《迁徙》荣获"2012年厦门市中学生舞蹈比赛"表演一等奖和优秀指导教师奖，并受邀参加10月在福州举办的"点亮金秋"福建省教师节晚会。男子当代舞群舞《刀锋》荣获"2014年厦门市中学生舞蹈比赛"表演二等奖，该舞蹈被邀请参加由厦门市人民政府侨务办公室主办的"第十六届在厦侨港澳台学生中华才艺展示"和由厦门市关工委主办的"'厦门市喜迎十九大颂歌献党'青少年歌手赛颁奖晚会"表演。维吾尔族舞蹈《刀郎麦西来甫》荣获"福建省第八届少数民族传统体育运动会综合表演赛"金奖。男子当代舞群舞《海魂》荣获"2015年厦门市中学生舞蹈比赛"表演二等奖。男子古典舞群舞《郑成功》荣获"2018年厦门市中学生舞蹈比赛"直属校表演二等奖。男子当代舞群舞《向前！向前！》荣获"2021年厦门市中学生舞蹈比赛"表演二等奖。值得一提的是，学校并没有招收舞蹈特长生，加入舞蹈社团课的学生是李立峰老师从初三直升班和高一、高二年级选拔出来的，并利用每天大课间时间和其他课余时间进行排练。厦外师生对舞蹈的热爱和投入、对中华优秀传统文化的传承得到了社会的认可。

男子群舞《迁徙》

厦外作为厦门市对外交流的一张闪亮的名片，拥有活跃的国际交流氛围，常年承担厦门市政府及厦门市教育局的国际教育交流活动，在全球有29所姐妹校，并常年与英国、法国、德国、荷兰、澳大利亚等国际姐妹校互派师生进行语言及文化交流。美育对外交流课让中外青少年"以舞会友"，在弘扬中华优秀传统文化、推动中华文化"走出去"方面发挥了重要作用。在美育对外交流课堂上，外国师生们或戴上维吾尔族小帽，跳起维吾尔族舞步；或拿起东北秧歌手绢，扭起汉族秧歌；或在藏族颤膝动律中，感受藏族人民的奔放热情，他们在每个动作、每个表情、每个节奏中感受着中华优秀传统文化的独特魅力。

舞蹈兴趣课：学校拥有由校团委、学生会组织的丰富多样的学生舞蹈社团，目前有街舞社、拉丁舞社、新疆舞社、东方舞社、瑜伽社、芭蕾舞社等，舞蹈兴趣课的社团制是学校舞蹈美育课程体系的重要一环，活跃的社团活动有力地助推了美育的落地实施。

大课间集体舞：学校积极推行"美育助力高考"，看青春洋溢的笑脸，听欢快动感的旋律，绿茵场上，舞动青春。这是学校坚持"五育"并举的一道最美的风景。《你要跳舞吗》集体舞，陪伴同学们顽强拼搏、锐意进取。李立峰老师选择了中国民族民间舞中的东北秧歌"十字步"，中国古典舞中的"亮相"，流行舞中的动作和芭蕾舞中的"手位"来与音乐进行问答式的表演。在舞蹈的尾声，又加入了动作方向的变化，来增强学生之间的互动，欢快的舞蹈步伐，释放了内心的紧张与焦虑，展现了厦外学子拼搏的精神。

五、厦外学霸"飞鱼"陈博川"游"进清华大学

厦外学子陈博川在高校高水平运动队全国统测中，100米自由泳成绩53秒46，凭借游泳获得清华大学低于本一线20分的降分录取优惠，成功"游"进清华大学。这是自2016年以来福建省唯一一位通过游泳加分进入清华大学的男生，令人叹服的是陈博川高考成绩是630多分，是名副其实拥有最强大脑的游泳高手。

进入高中后，教练团队、体育教研组根据陈博川个人意愿进行了体育课程的调整，在校内外训练上给予了充足的时间保证，100米自由泳成绩从57秒逐步进步为55秒。在高一下学期，陈博川参加了全国U型游泳比赛（梧州站），以54秒49达到了国家一级运动员的标准；2017—2019年学校游泳运动会期间，高中的陈博川在50、100米自由泳成绩中初露锋芒，打破了多项校游泳运动会纪录。

高三年，在教练团队的全力支持下，陈博川克服困难、全力以赴，在全国传统校游泳比赛的100米自由泳决赛中所向披靡，以国家一级运动员的身份获得了清华大学的入场券。

学校一直把引导师生积极参与体育锻炼、提高身体素质作为一项基础工作稳步推进，用实际行动践行全面发展、健康中国的目标。十多年来，学校参加游泳校运动会人数达3027人，破纪录达18人次，一、二级游泳运动员达43人，省、市游泳比赛成绩优异。体育教研组编写《青少年水

上安全》校本教材，开发实施水上安全救生课程。正如陈博川同学所言：学校拥有多元的升学体系，高考、保送、出国、艺考、体特（体育特长生），不论选择何种方式，只要有坚定的信念并付出相匹配的努力，厦外从学校到老师各个层面都会为学生提供量身定制的帮助与支持；学校丰富的课余活动，提供学生拥有"中国灵魂，世界胸怀"的平台，更教会学生如何选择与取舍，如何在理想与现实、在兴趣与主业中达到平衡；教师们一次次促膝谈心，给予学生坚持的勇气和动力。

陈博川"游"进清华

六、速度与激情，翻山越岭比体力更比脑力——厦外定向越野队参加全国比赛获佳绩

2022年全国定向锦标赛在重庆落幕。厦门外国语学校定向越野队（以下简称"厦外定向队"）在短距离定向、中距离定向比赛中收获颇丰，取得2个一等奖、4个二等奖、10个三等奖的好成绩。其中，高一（5）班林感同学获得中距离定向赛亚军和短距离定向赛第七名，初二（6）班朱立言同学获得短距离定向赛第六名。

该比赛云集了全国各地高手，厦外定向队是福建省唯一参赛的中学队伍。这也是继2019年全国赛事后，厦外定向队在该赛事中再次获得佳绩。

（一）融合体育地理等学科知识，对学生技术体能要求高

定向越野是一种借助地图、指北针或其他导航工具，在尽可能短的时

间内到达各个目标点位的体育运动。此次，厦外定向队参加的是短距离定向、中距离定向两个比赛项目。

"这对学生的独立思考能力、思维能力要求非常高。因为读图、选择路线都很吃力，所以很多成人都完成不了。"厦外思明校区体育备课组长、定向队教练员张勇如是说。以往参赛场地基本上是在校园、公园，山地比较少见。今年短距离项目的参赛场地是公园，中距离项目则是在野外山地，比赛难度更大，更具挑战性。中距离项目总长有五六公里，比赛前下过雨，野外山地湿滑泥泞，对参赛者技术和体能的要求更高。厦外定向队的队员们虽有不同程度的擦伤、摔伤，全身衣物也沾上泥土，但他们穿越树林，翻越土坡，跨越障碍，克服重重困难，最终顺利抵达终点。

定向越野融合了体育、地理等学科知识，参赛学生一定要有理论基础。厦外定向队员在接触项目前都经过了理论培训。理论培训主要是教他们如何看懂野外图例，以及在野外山地如何根据等高线来跑。简单地说，就是根据野外地形合理规划路线，更快找到目标点位。

（二）以体育人、以体启智提升学生综合素养

参赛的厦外定向队员来自厦外思明、海沧、集美三个校区，以初中生为主。周二、周五在思明校区开展训练，周四到海沧校区训练，周末、节假日则组织到户外训练。

进入校队的学生，都是经过层层选拔出来的。每年，学校在初一年组织海选，并开展理论培训，理论培训后通过选拔的学生进入实践培训。顺利通过实践培训后选拔的学生，才能进入校队。不过，并非只有校队队员才有机会接触这项运动。学校体育课上也有定向越野基础教学，每个年段每学期都有两周体育课是练定向越野。学校也开设了定向越野社团，每年组织全校定向越野比赛。

定向越野是体力和智慧的结合。进入校队的学生不只体育好，文化课成绩、综合能力也都比较强，其中不乏年段第一的"学霸"。这几年下来，初中部的队员全部直升厦外高中部，第一届队员中有两人分别被保送清华大学、南京大学。

定向越野体现了学校体育教学"以体育人，以体启智"的特点。这项

运动既能锻炼体能，又能训练头脑，提升学生在识图用图、创新思维等方面的能力，对提升学生综合素养有很大作用。

第四节　守正创新，止于至善

一、以体育人，深耕中华优秀体育文化元素

学校继续推进文化学习与体育锻炼协调发展，继续做强足球、游泳、定向越野三大品牌，全面总结击剑、网球两大示范高中展示项目开展的经验得失，推进两个项目的品质化发展；在太极拳、八段锦的基础上，开发永春白鹤拳、五祖拳、舞龙舞狮等中华传统体育项目，在学校体育教育中弘扬中华优秀传统文化，推进体育教师岗位评价工作。

夕阳下的足球队

二、求真尚美，汲取中华优秀美育文化精髓

学校坚持提高学生审美与人文素养，健全面向全员的美育育人机制，继续做强校管弦乐团、校合唱团、校舞蹈团、校语言表演艺术团、校美术社五大品牌，充分执行"引进来、走出去"的策略，传承非遗文化，让高雅艺术进校园、艺术名家进校园，家校社协同，让学生走进艺术剧场、博

物馆、美术馆、书法馆，汲取中华文化艺术精髓，提高美的感受力；加强与高校、艺术团体、艺术馆、校友的合作，充分发挥国家大剧院等艺术团体的云资源，整合校内外资源开展美育实践活动，激发创新创造能力，创作更多原创艺术精品，并开展"大厦外"美育展演活动。

三、以劳树德，赋能中华优秀劳动文化实践

学校总结研讨校本劳动课程体系建设的经验，修订校本劳动教育教材，形成具有厦外特色的劳动教育课程，完善职业体验主题研学课程，做强保送生"回报母校，服务社会"志愿服务队、星光志愿服务队、星陪志愿服务队、星缘志愿服务队、文物保护志愿服务队等服务性劳动品牌。开展生活技能展示活动，家校社协同开发校外劳动教育基地，因地制宜开发校内生产性劳动基地。

劳动成果展示"劳动最美丽"

守正创新，育心培元，体美融合传承，劳动赋能成长。学校兼顾学生的全面发展与个性发展，实现育人效应的最大化。

第六章

勇立教改潮头，谱写共建华章

创新教改，提质增效；帮扶共建，协作共赢。学校在示范性普通高中建设学校的申报、创建、认定和辐射的过程中，积极承担教育改革和帮扶工作，成效显著。

第一节 瞄准课改，聚集素养

学校创办于1981年，四十多年来始终以塑造中国灵魂，培养具备家国情怀和全球视野的现代人为目标。长期坚持探索课程改革，重视校本课程的开发与优化。建章立制，通过加强培训和专业引领、经费优先保障、树立典型表彰先进等举措，以省、市课题为抓手，学科基地校建设为推手，稳步推进教改项目，取得了良好的效果。

一、课题引领教学改革，促进国家课程校本化实施

学校坚持以国家课程为依据，以学生发展需要为目标，结合学校特色，开设校本课程，完善并优化课程结构。各学科通过对课题、项目的研究，提高校本课程开发水平，与时俱进，开发学科实践课程、跨学科融合课程、项目式学习、分层教学等，让课程结构体系更科学，核心素养导向更鲜明，增强选择性、多样性、融合性，满足学生个性化需求，更好地实现育人目标。成果如下：

（1）学校申报的"数字教育资源有效开发及教学深度融合的研究"课题，被中央电化教育馆确定为全国教育信息技术研究重点课题。本课题研

究解决的主要问题是如何开发数字资源、研究数字教育资源与学科教学的深度融合、提高课堂教学效率、优化学生的学习方式等。该课题研究成果丰富，课题组在 CN 级刊物共发表 11 篇论文，其中 6 篇发表在中文核心期刊。

课题成果集《整合信息资源　创建智慧校园》

（2）钱永昌老师主持的"以中学物理创新实验和创客活动为载体，培育学生创新素养的实践研究"，以当前中学物理实验教学、创新教育中存在的瓶颈问题为线索展开，聚焦中学物理创新实验和创客活动，历经 14 年的实践研究，8 年的推广检验，总结出"兴趣驱动、自主成长"的创新素养培育策略，探索出"三协同、三依托"的创新素养实践策略，有效培育学生的创新素养。该研究成果获国家级教学成果奖二等奖。

钱永昌老师获国家级教学成果奖二等奖

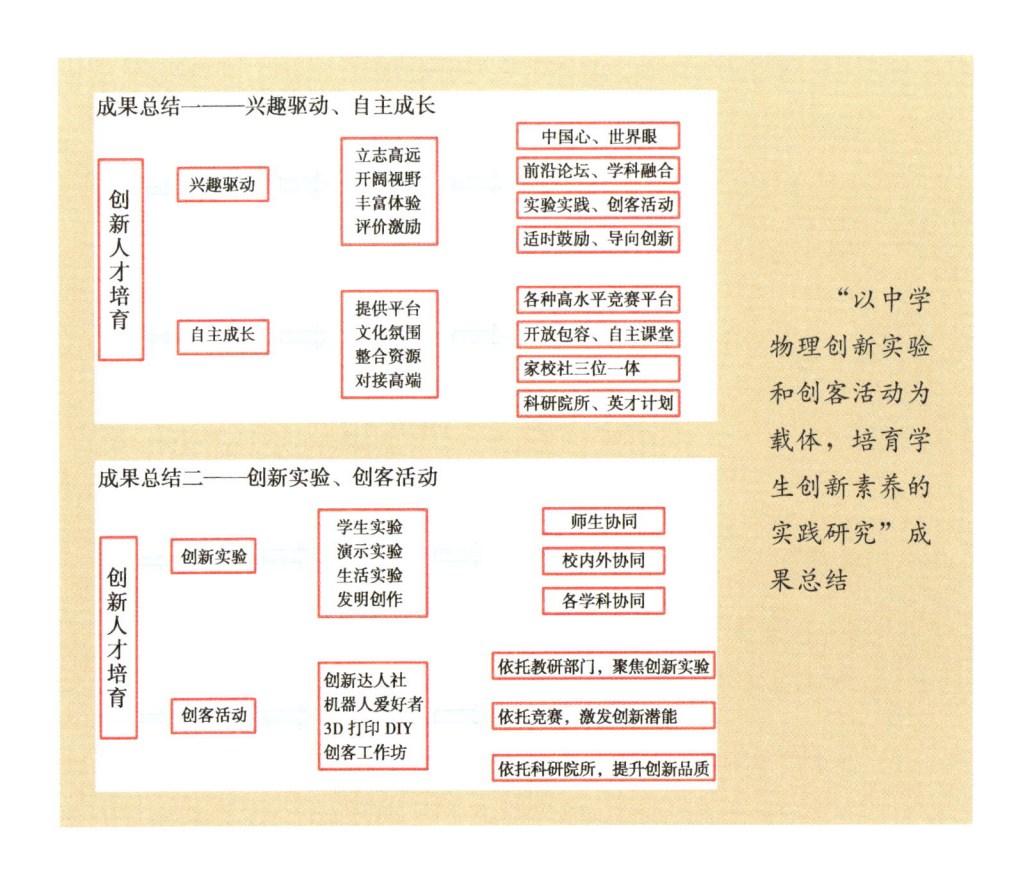

成果总结——兴趣驱动、自主成长

创新人才培育
- 兴趣驱动
  - 立志高远
  - 开阔视野
  - 丰富体验
  - 评价激励
    - 中国心、世界眼
    - 前沿论坛、学科融合
    - 实验实践、创客活动
    - 适时鼓励、导向创新
- 自主成长
  - 提供平台
  - 文化氛围
  - 整合资源
  - 对接高端
    - 各种高水平竞赛平台
    - 开放包容、自主课堂
    - 家校社三位一体
    - 科研院所、英才计划

成果总结二——创新实验、创客活动

创新人才培育
- 创新实验
  - 学生实验
  - 演示实验
  - 生活实验
  - 发明创作
    - 师生协同
    - 校内外协同
    - 各学科协同
- 创客活动
  - 创新达人社
  - 机器人爱好者
  - 3D打印DIY
  - 创客工作坊
    - 依托教研部门，聚焦创新实验
    - 依托竞赛，激发创新潜能
    - 依托科研院所，提升创新品质

"以中学物理创新实验和创客活动为载体，培育学生创新素养的实践研究"成果总结

二、发挥学科基地校示范、引领作用，积极探索教学改革新方向

厦外作为福建省首批普通高中课程改革基地建设项目学校，承担着多个学科的基地校任务，在基地校建设期间，发挥示范、引领作用，积极探索学科教学改革的新方向。

（一）积极承担基地校任务，勇做教学改革探索的先锋军

厦外先后获得"全国中小学外语教研工作示范校""厦门工人先锋号""福建省基础教育高中英语学科教学研究基地学校""厦门市多元目标多元策略高中英语教学研究基地学校""福建省普通高中英语优质学科课程项目建设学校""全国示范性外国语学校"等荣誉。2020年12月又连续第四次获评"福建省基础教育高中英语学科教研基地校培育单位"。学校多次承办福建省中学英语学科省级培训，同时，作为对外汉语国际推广中小学基地校和福建省海外华文教育基地，学校为来访的海外姐妹校文化交流团

开设汉语语言和中华文化课程，支持并促进对外汉语教学的发展。

厦外获评"福建省基础教育高中英语学科教研基地校培育单位"

2018年11月22日至25日，学校承办了福建省英语新课程标准省级培训会议，培训福建省英语教师共240余人。除了邀请国家级专家来校讲座外，教师还开设了六节现场公开课以及五场讲座。学校勇做教学改革探索的先锋军，充分发挥学科基地校示范、引领作用。

福建省第三批高中思想政治学科教学研究基地学校课题中期汇报工作会议

福建省普通教育教学研究室主办的第三批基础教育物理学科基地校工作会议

（二）举办多场省级教学开放活动，深入研究深度学习与培育学生核心素养的关系

2019年9月16日上午，由福建省教育厅和厦门市教育局主办、厦门市教育科学研究院协办、厦外和厦门海沧实验中学共同承办的"构建深度学习课堂，培育学生核心素养"福建省示范高中建设学校省级教学开放活动在厦外海沧高中部拉开帷幕。

为期两天的省级教学开放活动体现了学校作为福建省示范高中建设学校的担当和作为。教学开放活动主要交流研讨在高考综合改革背景下的示范性普通高中课程管理、学科教学、学生生涯规划构建思路和推进的途径；深入了解深度学习理论，研究深度学习与培育学生核心素养的关系，并开展在此理念下的观摩、研讨学科教学；总结外语特色校办学经验，交流国际理解教育办学特色。以研促教，以教带研，教学研究源于教学、用于教学，并促进教学的发展，学校重视将教学研究成果在教学实践中运用并检验，从而教研相长，促进课堂教学和教学研究协同发展。

北京师范大学郭华教授开设"深度学习与学生发展核心素养"讲座

与会嘉宾参观厦外的部分特色教育成果

第二节 引进资源，拓宽视野

学校秉持初心，在不断提升教学质量的同时，响应号召，发挥优势，贯彻落实跨校交流、跨省交流、跨国交流，分享办学、教学理念，为促进区域教育均衡发展贡献出自己的一份力量。

一、联合教研，共筑教学高地

所谓名校者，非有大楼之谓也，乃有名师之谓也。培育优秀的师资队伍，提高课堂教学质量、教学水平永远是学校的重要工作。为了促进教学质量的有效提升，学校与多校开展联合教研活动，致力于打造厦外特色的教学高地，其中，名师工作室的教研活动起到至关重要的作用。

2021年4月16—17日，邹春盛名师工作室第六次研修活动在厦外举行，工作室成员和学校全体语文教师，厦门音乐学校、海沧中心小学及石狮分校也应邀派人参加研修。研究活动不仅有精彩纷呈的公开课，更有专家学者具有理论深度的讲座，教师们深受启发，也对自身的职业使命有了更深刻的认识。

邹春盛名师工作室研修活动邀请石狮分校、厦门音乐学校等合作校参与学习交流

2022年5月20日，厦门市欧阳国胜名师工作室启动仪式暨第一次研修活动在厦外集美校区隆重举行。工作室全体成员经由此次活动，踏上更清晰坚定的研学之路，走向心中光明的应许之地。

此外，各类联合教研活动在厦外校园中持续开展，如厦外与海沧区教师进修学校、厦门一中海沧校区共同举办海沧区2021届高三复习专题研讨活动，再如，学校承办市直属学校心理健康教研活动等，促进了学校教学水平的稳步提升。

二、名校长跟岗研修，促进办学理念交流

2021年6月28日—7月3日，福建教育学院组织福建省"十三五"第

二批高中名校长后备培训人选12位学员到厦外开展为期6天的跟岗研修活动，学校党委书记、校长谢慧担任研修活动的实践导师。此次高端研修活动紧扣"办学主张凝练与学校治理现代化"的研修主题，组建了以谢慧为组长的工作领导小组，精心策划研修计划，提供良好研修条件。研修期间，学校各级部门领导不仅向校长们介绍了厦外的办学理念、办学成果，还为名校长培训班的学员准备了两节公开课及多场讲座，充分展示了学校的办学特色。

名校长培训班学员在厦外参观学习交流

名校长培训班学员跟岗研修总结会

名校长培训班学员跟岗研修总结会

三、校际合作交流，合作共赢

在福建省示范性普通高中建设学校和全国文明校园创建活动的推动下，厦外开发、开放学校资源，和合作帮扶学校联合举办丰富多彩的教学开放周、云端亲子阅读等活动，并主动帮扶薄弱学校改革发展和达标晋级，通过线上、线下的方式与国内外姐妹校进行友好交流，教育教研方面取得良好的效果。

（一）利用优质学校资源优势，开展合作办学共建活动

学校先后与厦门市海沧区、湖里区、翔安区、集美区、思明区以及石狮市联合创办海沧附属学校、湖里分校、翔安附属学校、集美分校、瑞景分校、石狮分校、翔城分校。2018年4月，与厦门二中在二中鼓浪屿校区合办"初中英语实验班"。2005年9月，学校在福建省率先承办了新疆班，和厦门十中、寿宁一中、连城一中签订合作共建协议。

厦外与连城一中合作共建签约仪式

1. 联合研讨，开展丰富多彩的教研活动

厦外和合作校联合研讨，开展丰富多彩的教研活动。组织总校骨干教师分别到各附校、分校开展联合教研活动，平均每个月到一所学校，四学年共派出190人次参与了合作校的听评研活动，总校有28节初三观摩课邀请合作校协调研讨，参加毕业班教学观摩的附校分校教师达100多人次。在资源共享相互促进的基础上，邀请分校老师到总校展示交流和跟岗工作，依据各附校分校的实际需要，协助提供参赛指导，开展合作校跨校区带教活动。

2. 发挥名师示范作用，积极开展送教活动

2018年5月厦外省、市名师一行24人来到厦外翔安附校，与翔安附属学校开展"学科素养专题研讨及名师送教活动"，并与厦外翔安附校共同举行青年教师师徒结对子活动仪式。24位名师中有特级教师4人，省学科带头人8人，有20人获厦门市专家型教师或市学科带头人称号，覆盖了语、数、英、政、史、地、理、化、生等9个学科。本次活动是在厦门市教育局实施名师战略、发挥名师示范性和进一步提升厦门教育水平的大背景下，学校结合核心素养的实施和名师动态考核工作，由学校教研室与厦外翔安附校共同组织的一次有实效、有意义的送教活动。

3. 成立"厦外海沧青年教师工作联盟"，提升区域教研水平

"厦外海沧青年教师工作联盟"积极开展各项工作。组织海沧地区各校新入职教师、海沧青年教师成长联盟高中组成员，在学校举行了形式丰富、内容充实的教研活动，进行高三复习课有效性策略研讨、微课程制作技能专题讲座。组织全体学员参加海沧区主办的2018届高三复习教学专题研讨活动，观摩河北名师与海沧教师"同课异构"，并围绕全国高考进行专题交流。

（二）推进名师培养工程，充分发挥名师示范作用

学校为教师实现师徒结对子的"传帮带"，学校实施的"名师工程""青蓝工程"，各级各类教师业务培训、教师技能大赛、课题研究、统考命题、开设讲座和学科研修等学科教研活动为教师提供经费支持和后勤保

障。目前学校已经拥有一支较为成熟的名师队伍，至 2023 年 2 月，学校成立两个省级名师工作室，两位市级名师工作室。

以福建省中学数学学科肖骁名师工作室为例：

2017—2018 学年，开展 3 次专题活动，2 次"送培送教"活动。

2019 年 4 月 18—19 日，在宁德市高级中学举行"送教下乡高三数学第二轮专题复习的课堂实践与观摩"专题教学研讨活动，蕉城区各高中学校数学教师参加了此次活动。

2019 年 5 月 8—10 日，在周宁一中举行"送教下乡高三数学二轮复习与新高一数学的课堂实践与观摩"专题的教学研讨活动，肖骁名师工作室部分成员、研修人员及周宁县中学全体数学教师参加了此次活动。

再以福建省高中语文学科邹春盛名师工作室为例：

2018 年 11 月开展"叙事学和小说有效教学"专题研修，邀请北大汪锋教授开设语文核心素养专题讲座。

2019 年 5 月 10 日，"整本书阅读的理论和实践专题研修"活动在学校高中部举行。此次活动吸引了来自福建各地的工作室成员、海沧区青年教师成长工作联盟共 50 余人。活动还有幸邀请到福建师范大学赖瑞云教授、福建教育学院鲍道宏教授、华东师大出版社朱永通主任莅临指导。

2019 年 7 月，邹春盛名师工作室组织骨干教师赴南平开展送教送培活动，赴连城新泉和隔川中学开展调研，对农村教学现状作出分析并寻求解决之道。

2021 年 12 月，邹春盛名师工作室到寿宁一中、下党希望学校开展送培送教活动，在厦外和连城一中开展专题研修。

此外，厦门市钱永昌名师工作室成功举行 4 场教学研讨活动，党员名师先锋岗到宁德五中开展指导帮扶活动。

四、加强与新疆地区的教学交流，促进民族团结

2021 年 6 月 21—22 日，由省教育厅主办的 2021 年全省新疆班工作交流与教学开放活动在厦外举行。省教育厅相关处室负责人，厦门、龙岩、

莆田等市教育局和全省新疆班办班学校相关负责人以及部分教师代表参加活动。

2021年福建省新疆班工作交流与教学开放活动

省教育厅原统战处处长余志丹肯定了厦外承办新疆班取得的成绩和在全省发挥的示范作用。她强调，铸牢中华民族共同体意识是国家统一之基、民族团结之本、精神力量之魂，是举办新疆班的根本使命。各地各办班学校要始终坚持正确办学方向，坚决落实立德树人根本任务，充分发挥课堂主渠道作用，积极开展各类教育实践活动，大力营造文化育人氛围，扎实推进民族团结进步教育，关心关爱新疆班学生成长成才，促进各民族广泛交往、全面交流、深度交融。

五、跨国交流，提升国际视野

加快和扩大新时代教育对外开放，是教育发展的需要，是国家建设的需要，是新时代发展的需要，既迫在眉睫，又恰逢其时。学校多年来致力于和国外姐妹校合作开发优质教育资源和建设精品课程，深化拓展与全球29所姐妹校的教育合作和交流互鉴。

（一）推进外语学科课程群建设

学校外语教研组始终坚持以学生为本，开发多元课程，突出特色发展。课程设置和实施旨在从单一的英语知识技能目标转向包含创新思维、思辨能力、国际化视野等在内的思维认知能力目标。外语课程坚持小班化教学，不断开发中外教结合的文学阅读赏析、外语辩论、外语戏剧、第二外语选修、电影配音、中外文化比较等特色外语课程。从初中起每年开设法、德、日、西班牙等非通用语种，进行"小语种＋英语"的复语教学，并聘请具有国家外专局颁发的外教资质的外教教授英、法、德、日、西班牙语等多种课程。学校注重外语学习与其他学科的融合，逐步推行"外语＋"的培养模式。

目前，学校共有英、法、德、日、西班牙等5个语种共124位外语教师，占全校教师总数的21.3％。近年来，每年聘请近10名具有国家外专局颁发的外教聘任资质的外教，至今共聘来自四大洲10多个国家100多名外教，教授英、法、德、日、西班牙语课程。

（二）重视国际教育交流与合作，培养具有国际竞争力人才

外语教育是厦外特色，除了课堂教学外，海纳百川，四方交友，拓宽了学生视野，培养了民族自豪感，增强了"四个自信"。2018年12月，澳大利亚杰纳正诺学院师生代表团来学校交流，学校给澳洲学生安排了中文课、汉语书法课、八段锦功法、歌仔戏欣赏、生旦净末丑身段表演，使客人们感受到中华文化的博大精深。2019年3月法国巴约市阿兰·沙尔捷高中师生代表团来访，适逢中法建交55周年暨中国留学生赴法勤工俭学运动100周年庆祝活动，法国学生领略了民乐与唐诗之美，并学习包饺子。在厦门市图书馆中法学生共同展示了包括国画、书法、剪纸、篆刻、水粉画等在内的80件艺术作品，为中法两国的友谊书写了浓重的一笔。

学校还积极参与政府组织和社会团体组织的各项国际交流项目和活动，拓宽学生的国际视野，提升学生的国际理解力，为培养具有国际竞争力的人才奠定基础。

（三）加快教育资源建设、积极打造全球化研学网络

学校致力于拓展优质多元升学渠道，先后与德国约翰诺伊姆中学、法国巴约市阿兰·沙尔捷高中、澳大利亚墨尔本杰纳正诺学院、英国卡迪夫公学、泰国东盟普吉泰华学校、新加坡南侨中学、日本佐世保市立广田中学、荷兰祖特梅尔市阿佛玲中学等29所学校建立了姐妹校关系，每年互

派教师和学生到对方学校学习访问，并通过与姐妹校开展"同课异构""项目学习"等创新交流形式。学校与多所姐妹校开展形式多样的线上交流和虚拟互访活动，被央视、福建新闻、厦视等各级各类媒体报道。留学德国康斯坦茨大学的杨祺轩，因 2016 年在德国联邦新闻局实习，成为首位受邀参与《总理直通车》节目、向德国总理发问的中国人，获得专访默克尔的机会。

第三节 联合办学，山海共建

教育公平是最大的公平。让每个孩子享有平等受教育的机会，让人民享有更好更公平的教育，是党和国家为人民办教育的初心和使命。2006 年以来，厦外在有关区（市）的指示和帮助下，以增强百姓教育获得感作为深化教育综合改革的出发点，全面加强薄弱校建设，大规模提升教师队伍素质，实现优质教育资源共享，推动区域教育实现优质均衡发展，先后以托管、合作等方式创办分校和附属学校。

一、合作办学情况

为使合作校的发展得到有力保障，学校采用两种不同的管理模式：一是外派校长或分管副校长，开展教师交流，教学考试、评价同步，部分初三优秀毕业生可保送直升学校海沧校区和集美校区的高中。二是以协议形式托管，一般办学初期由总校外派校长驻点开展管理，学校进入正轨后，多数分校不再外派管理团队，个别分校（如石狮分校）继续外派管理团队。学校通过这两种模式助力合作校平稳有序地度过合作办学的初创历程，迎来快速成长期。

以厦外第一所合作办学学校——厦外海沧附属学校为例，2005 年，厦外在厦门市人民会堂与市政府签订协议，响应到岛外合作办学，为促进海沧教育跨越发展，海沧区政府立足本区教育实际，将贞庵小学、延奎小学海景教学点、渐美小学、温厝小学、海农小学、东屿小学等六所小学合并，创办了厦外海沧附属学校，并委托厦外进行管理，成功地实现了优质教育资源的高位嫁接。

厦外先后派出5位教学管理经验丰富的校领导（或中层干部）任该校校长，在几位校长的带领下，厦外海沧附属学校加强与厦外的联系，充分发挥学校的教育资源优势，常态化开展教师交流、合作研讨，实现资源共享。海沧附属学校全面贯彻党的教育方针，秉承厦外"进德修业"的校训，坚持"以德育人，以文化人"的办学理念，扎实推进素质教育，逐步形成九年一贯、中西并蓄、突出外语的办学特色，成为了一所既弘扬优秀传统文化又突出外语特色的高质量的"窗口学校""特色学校""品牌学校"。通过建立王珍特级教师工作室、林园秀特级教师工作室、张建发名师工作室等优秀平台，培养了一大批省市级学科带头人、专家型教师、骨干教师，与此同时不断引进名师和新教师，为教师队伍注入新鲜血液。十多年来，海沧附属学校已组建了一支业务精湛、积极进取、敢于担当的师资团队。一大批青年教师迅速成长，在全国、省、市、区各类教师技能比赛中脱颖而出、崭露头角。近年来，该校素质教育全面开花结果，高分通过了省、市、区各项评估，获得"全国国防教育示范校"的殊荣；中考成绩持续几年位列厦门市中考P值靠前榜单及P值进步前列榜单；其他各级各类质量检测和学科竞赛成绩优异；"亲近母语，阅读地平线计划"落地，在全校掀起了阅读热潮；海沧附属学校被评为海沧"优秀悦读学校""优秀读书共同体""厦门市书香墨香校园"；闽南文化教育及科技创新课程异彩纷呈。与此同时重视教师队伍建设，名师引领、重教潜研、评优表彰示范，贤能之风浓厚，教师在各类舞台上发光闪耀。2019年3月，海沧附属学校荣膺"全国巾帼文明岗"殊荣。

二、合作办学的特色与亮点

（一）多维度交流互动

（1）有专门的校领导分管合作校工作，开展校长论坛，加强校领导之间的互动走访，调研探讨学校的管理和办学方向。近两年疫情背景下，召开多次校长线上专题交流会和一次校长圆桌交流直播。

（2）每年定期召开合作办学研讨会，集思广益，共谋发展。

（3）探索总校牵头、合作校工作轮值制，筹办合作办学相关活动。今年由瑞景分校轮值，瑞景分校安排一位副校长在总校挂职，每周半天在总校跟岗。

（二）多层面聚焦课堂

总校牵头到部分合作校听课、评课，开展集备与接地气、有实效的学科教研活动。每学年定期开展中考复习教学研讨，提升合作校教育教学质量。

2021年，总校牵头合作校，以"基于大单元主题设计，发展学科核心素养"为主题的市级教学开放活动取得圆满成功。此后类似的市级公开课活动成为厦外与各合作校的合作常态。

2021年12月，厦外思明校区举行初三年级组毕业班公开课交流活动，思明校区各科教师开设一节公开课，邀请各分校（合作校）共同研讨初三毕业班教学，以更好地适应国家"双减"背景下课堂的提质增效，活动达到了良好的教学研讨效果。

（三）多渠道教师培训

总校牵头定期举办"合作校教师教学技能大赛"活动，以观摩学习、交流切磋为主导原则，旨在以赛促研、以赛促教、合作提升。部分合作校联合开展新教师培训，取得良好效益。每年适时开展送教下乡活动和名师讲坛，对部分合作校师生开设讲座，交流分享教学经验。为进一步展开教师培训深度合作，实现多方优秀师资共享，为实现合作校的可持续发展助力，总校将继续创造机会，为合作校的优秀教师提供更高、更大的展示平台，促进合作校教师专业技能成长。

（四）多平台亮点展示

2021年12月19日，学校携手15所合作校、辐射校，精心打造了一场丰富多彩的云端艺术展演《以美育人，大美厦外——合作办学云端艺术展》，活动线上点击率近100万，获1.66万点赞，参与展演的学生超过千人。共有30多个艺术作品线上展示，涵盖歌曲、舞蹈、器乐、书法、朗诵、话剧、漆线雕等类型，为观众带来了一场视听盛宴。

（五）多方位资源整合

近年来，合作校学生一起参与的"大厦外"活动日益丰富。不仅有艺术展演、英语之星口语大赛、研学活动，还有周末的学科培优活动，并且进一步探索资源的共建共享，如开展"回报母校，服务社会"志愿服务活动、"大厦外"素养提升、心理夏令营、知识产权、外语等各类夏令营活动和"行心"家校共读分享会。

三、合作办学的原则与思考

（一）合作办学可持续发展要遵循的四大原则

（1）互利互惠，共同发展。

（2）明确权责，有章可循。

（3）统一平台，及时沟通。

（4）多向互动，优势互补。

学校重在统领与谋划，负责统筹规划合作办学方向、办学特色，建立针对合作校发展的研究及管理体系，推动合作校的深度融合，全方位提高育人质量。

各合作校重在建设与发展，自主确定适合自己的办学目标、工作计划，规范并统一各项工作制度，形成具有特色的学校文化。

同时，学校应充分尊重各合作校的管理自主权，真正让每所学校都能高质量发展。

（二）促进合作办学可持续发展的五点思考

（1）健全机构，促进沟通协调。（有章可循、统筹协调、专人负责）

（2）提高认识，形成良性互动。（内涵发展、特色发展、创新发展）

（3）优化流程，减轻管理负担。（建立统一工作标准、条块工作相互借鉴）

（4）对口交流，加大实质互助。（搭建平台、加强部门互动、优势互补）

（5）用好政策，多让老师受益。（加大培训与学习机会、适当的经费补贴）

学校和各合作校共同成长，克服了不少的困难，亦取得了辉煌的成绩。随着学校的发展，"大厦外"已然成为各合作校的一个凝聚平台。"大厦外"的每一位教师充分利用这一平台，加强研讨、共研共赢、多维合作、多元发展，共同推动"大厦外"更好更快地向前迈进。

第四节　敢为人先，共享同进

为发挥学校作为省示范性高中的示范辐射作用，充分发挥学校的教育资源优势，促进教育均衡发展，厦外与多所学校建立帮扶合作关系，与连城一中、寿宁一中、下党希望学校等市外学校签订合作共建协议，从教师队伍培养、教学教研等方面为合作校提供切实的帮助，促进双方教育教学质量的进一步提升。

一、跨校跨区交流，深度一线体验

厦外与厦门十中、厦门市音乐学校、海沧中学、海沧中心小学建立帮扶合作关系，与瑞景分校、翔安附校、海沧附校、集美分校、湖里分校、翔城分校以及石狮分校等合作校，通过加强学校管理干部交流、教师定期培训、联合举办课堂教学研讨活动、教育教学信息共享等活动，充分开发、共享学校的教育资源，推动学校共同发展。体现在如下几个方面：

（一）研学实践，深挖红色基因

厦外与合作校定期开展学习交流，除了开设讲座和公开课的形式，还通过主题研学活动加强相关的交流。例如2021年6月10日，学校2021届初三强基班同学由郑远鹏副校长带队，在鼓浪屿开展了"初心之旅　红色研学"主题研学活动。师生分别参观了《永不消失的天堂》阮晓榕鼓浪屿影像作品申遗展、厦门二中鼓浪屿校区（厦外初创地）和虎巷8号（中共福建省委机关旧址）。

（二）观摩研讨，共享教学资源

通过加强学校管理优势互补、教师定期交流培训、联合举办课堂教学研讨活动、教育教学信息交流等活动，充分开发、共享合作校的教育资源，推动合作校共同发展。学校高中外语组坚持教研制度化、专题化，以公开课促教师成长，发挥示范辐射作用。

以2018—2019学年为例，外语组开设了13节省市级公开课，20次省市级讲座，承办了4月3日的高中英语"新课标新高考新题型专题培训暨混合式学习理念下的读写整合教学"专题研讨活动以及5月8日的厦门高中英语阅读示范课活动，周怡等多名教师赴泉州进行省级和市级同课异构活动。在相关的活动中，学校展示了旨在培养学生核心素养的厦外特色校本课程，还包括解露老师的模联美辩课、林芸老师的文学赏析课、庄满满老师的戏剧表演课。研讨活动为现场观课教师起到了很好的示范辐射作用。同时，校本课程《外教带你读文学》、高中英语戏剧校本教材 *Theater and Drama* 和《栩栩戏中行——学生戏剧表演交流读本》，也充分展示了厦外"外语+"特色。

在教育教学方面，厦外对合作校进行全面指导。针对高三毕业班的教研，举办教学开放周、备课组研讨等活动，并共享试题。在新高考的研讨和方案制订上，对合作校进行指导。如2018—2019学年，学校组织了四次校级聚焦课堂活动，高一以"新高考理念下的高中新课教学"、高二以"核心素养进课堂"、高三以"复习课教学的有效性"为专题，共开设了37节校级公开课，其中第四次聚焦课堂活动由厦门海沧中学和厦门音乐学校高中部联合主办，厦外承办，对三所学校教师开放，并且进行了以"新高考下考试大纲的解读"为专题的各学科讲座。

厦外教师积极承担福建省教育厅组织的送培送教活动，足迹遍布八闽大地。2018年以来，厦外教学名师开设了数百节省级以上公开课和讲座，展示了厦外优秀的精神风貌，发挥了重要的辐射作用。

（三）团队共建，共享管理经验

从教育教学的互帮互助到校际管理团队的共同建设，从讲政治、讲大局的高度出发，推动合作办学共同发展的共识出发，厦外与合作校团结一致、共同努力，共享学校管理经验，优化学校管理制度，重塑特色品牌。例如学校与厦门第二中学的英语班合作办学，焕发出了生机与活力，更好地推动鼓浪屿教育品质提升，赓续鼓浪屿教育情怀与历史文脉。英语实验班的办学模式采用厦外外语教学模式，厦外派优秀外语教师具体实施课程教学管理，外语教学按照厦外教学要求，在完成部颁教材的基础上引进外语原版教材，聘请外教，强化口语教学，实施小班化教学，与厦外的学生同教材、同进度、同考试。

（四）教师培养，多元多渠道提升

充分利用示范建设高中和高考综合改革实践的机会，以名师工作室为轴心，推动合作校教师的培养工作。如，2019 年 5 月 10 日"福建省高中语文学科邹春盛名师工作室'整本书阅读的理论和实践'专题研修"活动在厦外高中部举行。此次活动吸引了来自福建各地的工作室成员、海沧区青年教师成长工作联盟 50 余人。2021 年 4 月邀请厦门市音乐学校语文组教师参加厦外举办的"福建省高中语文学科邹春盛名师工作室"第六次集中研修，研修的专题为"高一新课程和初高中语文教学衔接"。

（五）整合资源，加强示范辐射作用

学校重视教育资源建设，努力整合大学、社区、家长等的优质资源，加强横向互动、横向科研，为学生发展提供智力支持和实践渠道。学校和华侨博物馆、厦门图书馆、厦门科技馆、振兴社区加强共建，组织学生到上述单位进行社会实践。推动名师进社区，学校特级教师、省学科带头人在思明区松柏社区、厦门市图书馆、厦门市图书馆集美新馆、筼筜书院等地开展了数十场讲座。

在一系列的教育教学合作和帮扶中，学校充分发挥了全国文明校园和福建省首批示范性普通高中校的示范辐射作用，促进教育均衡发展，取得显著成效。

二、跨市互助，扩大辐射范围

为了充分发挥全国文明校园的示范引领作用，探索完善教育资源辐射

机制，支持革命老区教育发展，发挥沿海地区和革命老区的办学特色优势，促进教育均衡发展，学校跨市合作，与多所农村校合作共建、共谋发展。学校领导组在经过前期调研，了解帮扶校基本情况后，从各方面入手开展具体工作。

（一）发挥名校资源优势，更新理念，补足短板

学校在与寿宁一中合作期间，不定期召开教育教学总结交流会议；在学科竞赛和外语特色方面提供资源和方案；开展教育信息化共建，在智慧校园、试题库、办公平台建设等方面开展深入交流并共享资源；共同举办教育教学专题研讨，举办毕业班专题教研、教学开放周和名校论坛等专题；加强对合作校青年教师的培养，通过开设公开课、开设讲座、岗前培训、跟岗学习等形式对青年教师进行有效指导。

（二）制订合理可行的研修计划，切实开展"山海共建"活动

学校派出教师团队，通过开展多维度交流互动、多层面聚焦课堂、多渠道教师培训、多平台亮点展示、多方位资源整合等活动，与跨市合作校持续合作。每年定期召开合作办学研讨会，总校牵头到合作校听课、评课、集备，开展了接地气、有实效的学科教研活动，并牵头定期举办"合作校教师教学技能大赛"活动，以观摩学习、交流切磋为主导原则，旨在以赛促研、以赛促教、合作提升，疫情期间还开展各类线上研讨交流活动。

在与下党希望学校合作期间，该校派出语文、数学、英语、政治、化学五个学科教师和一位行政干部到厦外挂职学习。学校教务处根据跟岗教师的学科和任教年段，安排相应的学科的教师做指导教师，并在周期结束前开设一节组内公开课，教研组组织评课，并出具书面鉴定意见。跟岗教师也可以听其他年段的课，由教务科和教研组做好协调工作。此过程极大增强了合作校青年教师教学技能，综合提高合作校教育质量。

为支持闽西革命老区教育发展、推进区域教育均衡，应龙岩市教育局申请，福建省教育厅选派 9 名龙岩市高中校管理干部赴厦门有关学校挂职锻炼，其中连城一中副校长饶智荣同志到厦外挂职副校长。挂职期间，饶智荣副校长深入课堂听课，认真研读学校的管理制度，并对学校的办学业

绩和办学特色深度认可，与学校建立了长期稳定的合作共建关系。

（三）突出外语，文理并重，促进分校快速发展

学校注重特色培育的合作重点，且合作效果显著。以厦外石狮分校为例，该校聘有专业英语外教、日语专任教师，部分班级实施英语小班化教学，各年级均由外教开设英语口语课，开办韩语、日语等小语种教学班，举办各类外语社团活动，全方位开展如英语周嘉年华、"模拟联合国"和"IHBB"国际历史知识英文竞赛等活动。各年级英语成绩在各类统考中优势凸显，学生在各级各类外语比赛中战绩骄人。2018年被确认为泉州市外语特色普通高中学校。2021年6月，入选泉州市基础教育"十四五"第一批高中英语教学研究基地学校。2022年7月人文高中（外语）项目成功入选福建省普通高中特色示范项目。

石狮分校围绕"整体和谐发展、主体自主自立、优化个体特长"的学生科技发展目标，构建科技团队为中心的三位一体科技教育建设机制，组建创新工作室、创客实验室等多个科技活动教室，指导学生进行课题研究，培育科学核心素养，以多样的研究成果积极参与全国青少年科技创新大赛和机器人比赛，取得突出成绩。近三年来，石狮分校高中学生参加五大学科竞赛和青少年科技创新大赛，获省一等奖有12人、二等奖有12人、三等奖有13人。通过学科竞赛的辐射效应，以带领少数、培训多数来激励提高全体的金字塔培养模式，从点到面辐射全体，有效提升学科教学效果。该校在2019—2022年连续三年荣获"石狮市青少年科技创新大赛优秀组织单位"，2019年荣获"泉州市青少年科技创新大赛优秀组织奖"，2022年荣获"福建省青少年科创大赛卢嘉锡优秀组织奖"。

基于以上对跨市合作校的成长互助，学校愿意进一步发挥"全国文明校园"的辐射作用，通过共同努力，实现资源共享、优势互补的初衷，促进教育教学质量的提升。

三、寿宁下党乡帮扶纪实

（一）传承历史和红色文化，学习攻坚克难精神

2005年教育部印发的《关于进一步推进义务教育均衡发展的若干意

见》要求把工作重心进一步落实到办好每一所学校和关注每一个孩子的健康成长上来,把提高农村学校教育质量和改造城镇薄弱学校放在更加重要的位置,有效遏制城乡之间、地区之间和校际之间教育差距扩大的势头,逐步实现义务教育的均衡发展。

寿宁县有着丰厚的历史文化底蕴和革命传统。明代杰出的文学家、戏剧家冯梦龙在寿宁任县令时,编纂了地方志《寿宁县志》;廊桥,浓缩了千百年的乡土文化发展史,为寿宁赢得"世界贯木拱廊桥之乡"的盛誉。寿宁一中的梦龙文化主题校园文化建设,在省内也是颇有名气。特别是下党乡,总书记曾三进下党,留下佳话。这里的甲坑村还是"中共闽浙边临时省委"所在地,粟裕、叶飞等革命前辈在此英勇战斗。寿宁县悠久的历史文化,革命前辈英勇战斗精神,下党乡脱贫攻坚进取精神值得我们学习。

2021年2月,下党乡委员会被授予"全国脱贫攻坚楷模"荣誉称号,这个荣誉分量很重,寄托着习近平总书记的殷切期望。位居下党乡的下党希望学校也迎来了新的发展机遇,办好"家门口的好学校"责无旁贷。作为全国文明校园和福建省示范高中建设校、厦门市首批教师发展示范校,厦外亦义不容辞,当全力以赴,助力寿宁县教育质量的提高。

(二)构建书香校园,发挥全国文明校园的文明品牌引领作用

为了充分发挥厦外作为全国文明校园的示范引领作用,利用名校优质资源探索形成优质教育辐射机制,帮扶革命老区和山区,进一步提高薄弱学校办学水平,促进教育均衡发展,学校与寿宁县学校展开了一系列交流。

2020年12月,应教育厅继续教育指导中心的委托,学校教研室主任、特级教师、正高级教师邹春盛老师带领20位名师工作室成员(其中11位党员教师)到下党希望学校"送培送教"。名师工作室精心挑选了140余本书(价值10000元)送给下党希望学校,期待孩子们通过阅读丰富灵魂,通过阅读成长成才,走得更远,飞得更高。邹春盛老师不仅给孩子们带来了一份爱心礼物,还为教师们架起了一道人生梦想的桥梁。他以"在新课标新课程背景下的教师专业化发展"为主题,倾囊相授教师"如何由合格走向优秀"。

在"送培送教"的工作中，邹老师深有感触，盛赞下党希望学校山区坚守的教育初心，并进一步关注山区教育的发展。下党希望学校的叶校长是一位特级教师，对教育充满情怀，长期扎根山区教育，培养了一大批的人才，希望通过名师引领起航，也希望学校间能有更深入更广泛的合作。厦外办公室副主任、高级教师蔡文恭为下党希望学校文学爱好者举办了一场古诗文鉴赏会。此次送教活动得到寿宁县教育局的指导和支持，也使厦外和下党希望学校建立了良好的关系。

经寿宁县教育局和厦外双方初步协商，厦外和寿宁县下党希望学校建立结对帮扶机制。2021年5月10日，谢慧校长带领班子成员到下党希望学校举行了图书捐赠仪式。此次厦外捐赠下党希望学校图书450本，价值约6500元。值得一提的是，此次采购图书的经费来自谢慧校长作为本土领军人才专项经费及钱永昌老师"国家万人计划教学名师"专项经费。

谢慧校长作了"发挥名校资源优势，促进教育均衡发展"的主题讲座，详细介绍了学校的发展历程并就"结对帮扶"提出了建议。谢慧校长从传承红色文化，学习攻坚克难精神；构建书香校园，拓展阅读视野；加强教育科研，提升办学质量；加强队伍建设，提升教师综合素质；云端共享，线上教研等五个方面提出两校结对帮扶的可行建议，广受好评。

谢慧校长开设"发挥名校资源优势 促进教育均衡发展"专题讲座

厦外与寿宁县下党希望学校结对帮扶

此外，为进一步发挥学校作为全国文明校园的示范辐射作用，发挥寿宁一中作为闽东革命老区学校的红色资源优势，学校和寿宁一中拟通过一系列的共建活动，进一步提高双方的教育教学水平，达到合作共赢、共谋发展的目的。

寿宁一中每学期选派年轻教师和管理干部前往厦外海沧校区跟岗学习，2021—2022学年下学期选派了叶竹燕等12位教师前往厦外海沧校区跟岗学习。后续还将继续组织跟岗学习。

（三）加强教育科研，提升办学质量

（1）每学年两校共同召开教育教学总结交流会议。

（2）开展教育信息化共建，在智慧校园、试题库、办公平台建设等共享资源。

（3）举办初三毕业班专题教研、教学开放周，开展备课组研讨等活动，并共享试题。

（4）在特色校建设方面，学校在外语特色、学科竞赛、社团活动、足球、越野、游泳等项目，进行交流和共享。

（5）条件允许，开展学生研学活动，建立"手拉手"共建。

（四）加强队伍建设，提升教师综合素质

（1）选派精干的管理团队开设学校管理经验讲座，帮助完善各项管理制度，欢迎其他学校派管理干部到厦外挂职锻炼或跟岗学习。

（2）派出精干的名师团队，加强对学校青年教师的培养，通过开设公开课、开设讲座、合作教研、跟岗学习等形式进行有效指导。

（3）欢迎教师参与外语节、读书节、科技节、四十年校庆等重要活动。

（4）欢迎教师参与名师工作室的研修、厦外求是论坛和名师大讲坛。

（五）实现云端共享，加大线上教研力度

"邹春盛名师工作室"开设五个微信群（共1000多人在线），进行微信答疑活动，并开设网络直播课，最多在线人数5000人，获得业内好评。2020年总校联合合作校开展的"云端在线亲子阅读活动"，更是产生极大的社会影响力；外语组"加强国际教育合作，推动中华文化海外传播"，运用线上交流的形式开展国际教育合作。

（1）定期开展线上云课堂公开课活动，实行线上听课和评课。

（2）以备课组为单位，定期开展线上集体备课活动；各年段定期开展德育论坛。

（3）开通云盘，丰富和共享网络资源。

（4）开展线上"厦外求是论坛"，争取论坛和高端讲座云直播。

"赠人玫瑰，手有余香"，校党政班子和师生也从寿宁革命老区师生勤奋工作努力学习的氛围中，感受到山海相协、心手相连的温暖和感动。参观了"难忘下党主题展"，近距离感受总书记对下党人民的殷切关怀，感受到"弱鸟先飞"的老区建设精神。参观了廊桥和冯梦龙文化主题展，近距离感受了"廊桥之乡""梦龙文化"的深厚底蕴，激发了建设厦外校园文化的新思路。

下一步，学校还将开展下党研学和德育专题研修，让伟大的下党精神内化为促进教育腾飞的不竭动力。

第七章

传承钱老精神，培育创新英才

习近平总书记指出："谁牵住了科技创新这个牛鼻子，谁走好了科技创新这步先手棋，谁就能占领先机、赢得优势。"科技兴则民族兴，科技强则国家强。实现中华民族伟大复兴的中国梦，必须坚持走中国特色社会主义自主创新道路，建设科技强国。

白鹭日晷

创新之道，唯在得人。要培养高质量的创新人才，才能占得先机、取得优势、赢得未来。"问渠那得清如许，为有源头活水来。"创新就是一个国家和民族发展进步的源头活水。要紧跟发展人才兴国战略步伐，创新人才培养体制，营造浓厚的创新氛围。正是因为人才创新，才能涌现出一批又一批社会各领域能手；正是因为人才创新，才能培育出大量创新人才；正是因为人才创新，才能不断实现人才强国战略目标。得人之要，必广其途以储之。习近平总书记强调：一切科技创新活动都是人做出来的。我国要建设世界科技强国，关键是要建设一支规模宏大、结构合理、素质优良的创新人才队伍，激发各类人才创新活力和潜力。

学校历来重视创新人才的培育，近年来更是借助钱学森班课程建设和青少年科技创新大赛、英才计划等平台不断探索创新人才培育方式，取得丰硕成果。

第一节　厚植科学，启迪智慧

科学启迪智慧，技术改变未来。学校一贯以"文理并重，全面发展"为育人理念。近年来，学校在科学教育、创新人才培育方面更是革故鼎新，走出属于厦外的创新人才培育之路，尤其在钱学森班的创立和科技创新方面取得了显著的成果。

一、钱学森班

钱学森是中国科学院和中国工程院院士，中国"两弹一星"伟大成就的元勋，"两弹一星功勋奖章"获得者，中国航天事业的奠基人，德高望重的人民科学家和中国航天科技事业杰出的代表。他早年在美国留学和工作，在应用力学、航空工程、喷气推进和航天技术、工程控制论等科学技术领域作出了许多开创性的贡献。新中国成立之初，他冲破重重障碍，毅然回到祖国参加建设，在科学技术的许多领域，特别是在我国火箭、导弹和航天事业的创建与发展中作出了卓越的贡献。钱学森具有坚定的理想信念，对党高度忠诚，始终把爱祖国、爱人民作为人生的最高境界，自觉把个人志向与民族振兴紧紧联系在一起；他襟怀坦荡、光明磊落，淡泊名利、无私奉献，坚持真理、严谨求实，是我国爱国知识分子的杰出典范，被誉为"人民科学家"。钱学森的科学成就、学术思想和精神风范是中华民族的宝贵财富，值得人们永远学习、传承和发扬光大。

为了突破我国杰出人才培养的瓶颈，钱学森提出了著名的"大成智慧学"。必集大成，才能得智慧。钱老提出的"大成智慧学"的核心是科学与哲学的结合，其目的在于使人们面对新世纪各种变幻莫测、错综复杂的事物时，能够迅速作出科学而明智的判断与决策，并能不断有所发现、有所创新，并教育、引导人们如何陶冶高尚的品德和情操、尽快获得聪明才智与创新能力。钱老曾说："我想我们宣传的'大成智慧'……既不只谈哲学，也不只谈科学，而是把哲学和科学技术统一结合起来。"这样的人是全才，是全与专的辩证统一。钱学森精神内涵丰富、博大精深，在新的历史时期，面对新的历史使命，我们尤其要学习和弘扬钱学森的"爱国、奉献、求真、创新"精神。

（一）厦外钱学森班的创立

为弘扬"爱国、奉献、求真、创新"的钱学森精神，践行钱学森"大成智慧学"教育理念，厦外创办钱学森班，创造性地开设"钱学森班特色课程"，探索培育创新人才的新模式。2018年1月4日，学校在钱学森姓名和肖像使用管理委员会和钱学森同志亲属口头表达意向获认可后，2018年1月17日向厦门市教育局书面正式提出申请创办钱学森班，2018年2月6日局长办公会议以会议纪要的形式同意厦外创办钱学森班，2018年4月7日正式向钱学森姓名和肖像使用管理委员会提交书面申请表和申办方案，同月17日获得《关于同意厦门外国语学校使用钱学森名字冠名的批复》，批准同意厦外冠名创办"钱学森班"并在校园设立钱学森雕像。2018年9月17日，钱学森之子钱永刚教授莅临学校授钱学森班的班牌，标志着厦外钱学森班正式开班办学，开启新时代创新人才的育人新模式。

厦外钱学森班揭牌仪式

谢慧校长、原副校长孙巧平与钱永刚教授工作交流

（二）钱学森班的办班成果

自 2018 年厦外钱学森班创办以来，已从钱学森班走出了 33 位清北学子和 27 位学科竞赛省一等奖学生，其中 2019 级施睿扬同学获得了物理学科的国赛银牌、刘烜同学获得生物学科的国赛铜牌；2022 级刘子龙同学获得了物理学科的国赛金牌、郭云恺同学获得生物学科的国赛银牌。这些成绩是学生们努力的结果，也是学校着力打造钱学森班的办班成果，是厦外一张闪亮的名片。

钱学森铜像

2018 年钱学森班开办以来被国内顶尖高校录取学生名单

届别	清华大学	北京大学
2021届（14人）	陈虹羽、柯雅芳、林子越、龚林鹭、李欣翰、杨欣杰、陈芃琳	李子菡、房奕成、侯亦凡、孙予欣、吴迈、陈琪、王挥闵
2022届（11人）	吴语桐、陈铭杨、陈文君、许煜凯、黄俊玮、施睿扬、谢宇凡	何路凡、陈鑫海、吴宗翰、黄玺
2023届（8人）	李怡漩、林昕、周佳琪、方晨岳	崔逸飞、付语琦、郑语菁、吴炫德

2018 年钱学森班开办以来获五大学科竞赛省一等奖（或以上）学生名单

级别	数学	物理	化学	生物	信息
2018级			李欣翰		
2019级	陈铭杨、陈鑫海	施睿扬（国银牌）、皮墨涵、俞皓涵、吴宗翰	陈鑫海、毛一飞	刘烜（国铜牌）	
2020级	方晨岳、张文誉	吴炫德	潘佳丰	吴晴雯	
2021级	黄智炎、王昕睿		周晓涵、易杰灿	陈相成、康恺、陈响	陈响
2022级		刘子龙（国金牌）陈冠宇		郭云恺（国银牌）	朱羿衡

二、科技创新

（一）厦外科技创新简介

学校历来重视科技教育，注重培养学生的科学素养，把青少年科技创新教育列为重点工作之一，在历届五年规划和年度工作计划中均有涉及，并成立学校科技创新教育领导小组，制订具体工作方案和奖励条例。四十多年来，学校的科技发明活动和科技创新教育成果在福建省一直处于较为突出的位置，集体成果十分显著，获得过全国科技教育创新优秀学校、全国青少年科技创新大赛"优秀组织奖"、全国知识产权教育试点学校、宋庆龄少年儿童科技发明示范基地校、福建省科技教育突出贡献奖、福建省科技教育基地校、福建省知识产权教育试点校，多次获得福建省"卢嘉锡科技教育奖"和福建省青少年科技创新大赛"优秀组织奖"等。

全国中小学知识产权试点学校挂牌

宋庆龄少年儿童科技发明示范基地挂牌

全国青少年科技创新大赛优秀组织奖获奖证书

（二）青少年科技创新成果简介

厦外学子在英特尔国际科学与工程大奖赛等国际青少年科技创新知名赛事获奖 6 项，在全国青少年科技创新大赛、明天小小科学家比赛中获全国一等奖 5 项、全国二等奖 7 项、全国三等奖 5 项、省一等奖 24 项、省二等奖 32 项、省三等奖 24 项、市一等奖 47 项、市二等奖 76 项、市三等奖 100 项。共计申请授权 86 项，并有 7 个专利成功转让。获全国发明展及全国宋庆龄少年儿童发明奖金牌 16 枚、银牌 13 枚、铜牌 15 枚。其中有全国科技创新大赛的最高奖——科协主席奖，有中学生实践活动的最高奖——十佳青少年科技实践活动奖，还有中国学生首次取得的国际标准奥林匹克金牌等。学校现有厦门市总工会授牌的"厦门市钱永昌创新工作室"和"厦门市谢慧创新工作室"。

厦外学子国际科技创新竞赛获奖情况一览表

序号	奖次	项目名称	学生	时间	地点	辅导老师
1	首届丘成桐中学科学奖物理金奖	纸飞机的空气动力学	陈锴杰、赖文昕	2013年12月	北京	钱永昌
2	英特尔ISEF大赛三十米望远镜项目二等奖、科协主席奖、Intel英才奖	利用激光束照射镜面圆柱作圆锥曲线的研究	陈姚佳	2015年7月	美国匹兹堡	钱永昌、胡建荣、练仰贤
3	第26届俄罗斯青年科学家竞赛一等奖、技术与工程学学科论坛最佳项目奖	改进的自动化车门防雨装置	高涵之	2017年3月	俄罗斯莫斯科	曾宝枝
4	日本超级理科高中展示活动公众互投项目第一名	可持续显示流线的小型烟风洞平台设计与实验探究	钱日隆、吴凯文	2017年8月	日本神户	钱永昌
5	丹麦青少年科学竞赛国际组三等奖	基于自制小型烟风洞的涡激振动实验研究	钱日隆	2019年4月	丹麦哥本哈根	钱永昌
6	第十五届国际标准奥林匹克竞赛金奖	电动平衡车的标准	阮煜昕、崔亦飞、洪悦塞	2020年11月	韩国（线上）	钱永昌

陈锴杰、赖文昕获首届丘成桐中学科学奖物理金奖

第十五届国际标准奥林匹克竞赛金奖获奖证书

第二节 重构课程，多元共育

课程是实现创新人才培育的核心抓手。学校在课程建设和多元共育等维度进行了相应的教学尝试和改革。

一、课程建设目标高远

围绕创新人才培育，学校在"突出外语、文理并重、全面发展"办学指导思想基础上，充分学习钱学森先生的系统工程与总体部署思想，秉承钱老"大成智慧教育"理念，砥砺践行钱老"六大素养"全方位教育，确立学校钱学森班办班指导思想：学习思想，了解世界，利用科技，修养文艺，懂点军事，健康身心。

同时，围绕"整体和谐、主体突出、个体发展"的"三体协调发展"的学生科技发展目标，学校构建了"行政管理系统、科技团队实施系统和专业支持系统""三位一体"的科技教育建设机制。

二、课程建设体现多元共育

学校"钱学森班特色课程"着眼于学生德智体美劳在"大成智慧学""科学素养"与"人文精神"等方面的全面发展，立德树人，培养新时代社会主义建设者和接班人。通过"钱学森班"的实践探索，引导全体学生培育创新精神、厚植家国情怀。激励广大教师做有理想信念、有道德情操、有扎实学识、有仁爱之心的好老师。

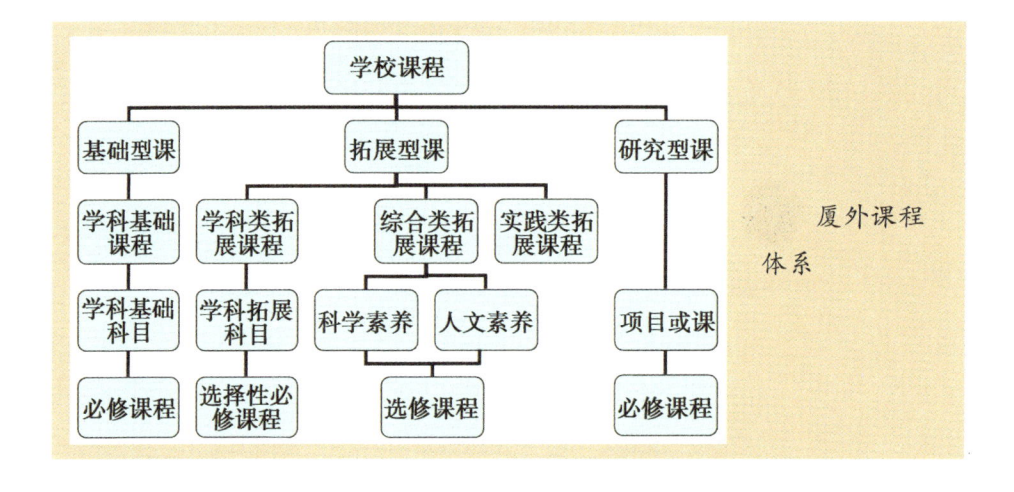

厦外课程体系

厦外与厦门大学航空航天学院建立战略合作伙伴关系

厦门大学航空航天学院在厦外开设了"南强讲台"课程，该课程包含"航空特色课程"与"工科科普课程"两大重要内容。

厦门大学航空航天学院所设"南强课程"内容

航空特色课程	工科科普课程
1. 航空概论	1. MEMS 技术介绍
2. 流体力学专业介绍	2. 机电工程专业介绍
3. 飞行控制专业介绍	3. 精密制造专业介绍
4. 航空结构强度专业介绍	4. 自动控制专业介绍
5. 航空发动机原理介绍	5. 基于深度学习、强化学习的智能技术
6. 飞行器健康管理专业介绍	6. 大数据智能分析与决策

三、专业的导师团队

钱学森班"专家导师团队"

姓名	简介
钱永刚	钱学森之子、中国航天钱学森决策顾问委员会主任委员、钱学森智库委员会主任委员、上海交通大学钱学森图书馆馆长、厦外钱学森班名誉班主任。
孙世刚	厦门大学化工学院教授、院士。
吴晨旭	厦门大学物理科学与技术学院院长、教授。

钱学森班"生涯导师团队"

姓名	性别	简介	备注
刘艳杰	女	厦门大学学生处副处长、生涯规划导师、教育部就业指导中心资深培训师、高级职业指导师。	
祝婧媛	女	厦门大学心理咨询与教育中心副教授、浙江大学心理学博士、国家二级心理咨询师、长期从事学校心理健康教育工作。	
陈 莹	女	厦外心理健康教育导师、华东师大心理学硕士。	

钱学森班"专业导师团队"

姓名	简介
吴晨旭	厦门大学物理科学与技术学院院长、教授、博士生导师、闽江学者特聘教授，主要从事软凝聚态物理的研究。国家自然科学基金委数理科学部第十三届专家评审组成员，中国物理协会秋季会议组委会成员，软物质分会主席，*Biophysical Reviews and Letters*（BRL）、*Frontier of Physics* 编委。
吕毅军	厦门大学电子科学系副教授，福建省半导体照明工程技术研究中心和厦门市半导体照明检测认证中心成员。先后主持多项福建省自然科学基金项目和横向课题，并参与多项863重大专项、国家自然科学基金和福建省重大项目研究。
王 矫	厦门大学物理与机电工程学院、厦门大学理论物理与天体物理研究所教授，闽江学者特聘教授。
王敏雄	华侨大学数学科学学院副教授。
陈进才	厦门大学出版社副总编辑。

四、创新的管理机制

管理模式：成立由分管校长、教务处和德育处主任、年段长、班主任、学科教研组及备课组组长组成的钱学森班教学管理指导委员会，采取"分层、分科、分项走班动态管理"模式专门管理。

运作方法：实行"班主任＋导师组＋学干群＋信息化"相结合的管理方式。

五、经费保障，激励到位

学校重视科技教育首先体现在遵循"重点倾斜"的投入机制。近年来学校投入500多万元建设DIS实验室、生物数码显微互动室，电工和电子、车工、木工、缝纫、汽车模拟驾驶等通用技术实践室、创新工作室、创客实验室等。学校教代会通过了新修订的《奖教条例》，加大了对科技竞赛指导教师的奖励力度。《奖教条例》还特别列出指导学生获得专利发明每项奖励1000元。学校充分发挥实验项目的引领作用，鼓励项目创新，实现了项目研究与科技教育共同发展的新局面。近年来，投入了数十万元的科技创新经费，确保"创新工作室"有序高效运转，创新工作室由专人负责，积极开展小发明、小制作活动，经过多年的研究和实践，取得了丰硕的成果，学校科技教育也上了一个新台阶。

六、系统规划，教学渗透

1. 合理规划科学教育内容，制订有针对性的系统教育方案

学校根据新课程改革的要求，统筹理、化、生、地理、信息技术、劳技等基础型课程、学校特色的拓展型课程、供学生自选的研究型课程和学生社团活动，构建"四课一体"的学校科技教育课程体系，使科技教育特色进一步得到加强和提升。学校提出了"初一、高一年级：发现优势；初二、高二年级：体验成功；初三、高三年级：追求卓越"的分年级工作目标，让学生在学校的 3 至 6 年成为一个有序的发展过程，为学生的终身发展打好基础。学校通过提供广泛的科技教育课程与活动，让不同年级的学生在学校的舞台上不断实现发展目标。学校为学生实现自己的梦想搭建成才的平台，助推他们追求卓越。

2. 发挥学科课堂主渠道作用，在课堂教学渗透"做中学"科学教育理念

通过革新课堂，转变学生学习方式，培养学生质疑探究、动手创新、观察思考等各方面的能力，让学生在实验中学习与发展。对学生在实验中所发现的问题，给予及时的指导，或鼓励学生自主解决。在学科渗透方面，一是注重在课堂传授知识的同时，结合学科特点充分挖掘学科教育中科技教育的元素，注意培养学生的合作精神和辩证思考能力；二是将科技教育与研究性学习有机结合。教师通过对学生研究性学习选题、方法等方面的指导，使学生在"自由选择、自主探究和主动创造"的氛围中体验、了解科学探究的一般过程，使创造潜能得以充分释放，从而培育了学生的探究能力和创新意识；三是开设科技校本课程，开发学生的多元智能，让学生的个性得到发展，使创新人才脱颖而出。

第三节　深研优教，求真务实

教研即教育研究，旨在总结教学经验，发现教学问题，研究教学方法。创新人才培育要把教学与研究相结合进行实践，在实践和体验中学习，使学生有更直观的感受和亲身体验，形成完整的人格和世界观的构建，激发创新的内驱力。

一、研学拓展

读万卷书，行万里路。开展研学旅行，有利于促进学生培育和践行社会主义核心价值观，激发学生对党、对国家、对人民的热爱之情；有利于推动全面实施素质教育，促进书本知识和生活经验的深度融合；有利于满足学生日益增长的旅游需求，从小培养学生文明旅游意识。

钱学森班师生到西昌卫星发射中心观摩卫星发射和进行实地研学活动

钱学森班师生到上海交通大学钱学森图书馆参观并开展研学活动

二、课题引领

为了提高创新人才培育的实效性。学校一边实践，一边积极开展科技教育教研课题研究。2018年12月钱永昌老师主持的"以中学物理创新实验和创客活动为载体，培育学生创新素养的实践研究"获国家级基础教育教学成果二等奖。研究成果是在现代科学教育及创造力理论的指导下，充分发挥现有物理实验教育资源的优势，基于当前中学物理实验教学与创新教育存在的瓶颈问题，积极组建创新社团，开展创客活动，探索师生共同参与设计并开发中学物理创新实验的策略方法；通过课例研究，改进创新实验在物理课堂的呈现方式，总结实验教学的实施策略，优化物理课堂教学，激发学生创新潜能，培养学生创新素养，提高教学效益。课题总结出"兴趣驱动、自主成长"策略和"三协同、三依托"策略的创新素养培育策略。

"兴趣驱动、自主成长"就是将立德、树人与创新素养培育紧密联系，引导学生立志高远、开阔视野，形成内驱力，推动创新能力提升。具体包括理想引路、整合资源、激励表扬、提供平台等策略。"三协同"即师生协同、课内外协同、各学科协同。开展基于项目的STEAM学习，培育学生创新素养的创新机制。"三依托"即依托教研平台，依托相关科技协会，依托高校、科研院所和高新企业。将创新实验活动对接各种教学大赛，激发教师创新热情；对接青少年科技创新大赛、明天小小科学家评比、全国发明展等赛事，激发学生的创新潜能，提升创新素养；整合资源，开展创新实践、寻找专业支撑提升创新品质。构建学校、教研平台和科协组织"三位一体"的创新人才培育机制。

在课题研究引领下，通过不断实践、反思、改进、再实践，进而提高创新人才培育的教学实效，为培养学生创新精神与实践能力服务。

三、建设创新实验室

3D打印实验室。2016年学校建成一间三维建模教室，一间3D打印教室。三维建模教室配置 59 台电脑，3D 打印室配置 9 台 3D 打印机和 12 台电脑。2016 年以来，学校每学年都在高一年段普及三维设计教学，在高二开设三维设计选修课，教授目前工业设计行业最常用的设计软件 AutoCAD 和 3ds Max。在基本掌握这两种软件的基础上，学生可以在电脑上自由创建三维立体模型，选择优秀作品进行 3D 打印。三维设计和 3D 打印课程极大地激发了学生对于先进技术的学习兴趣，让学生切身感受到了先进技术的魅力，培养了对技术创新的浓厚兴趣。越来越多的学生懂得利用课堂上学到的三维设计技能进行立体建模，然后再用 3D 打印机打印出模型参加科技创新大赛、创客竞赛和各级各类 3D 作品赛等，并且取得了不错的成绩，如在俄罗斯的国际大赛中获得一等奖、在厦门市和福建省科技创新大赛中获得一等奖等。

AI 人工智能实验室。厦外是福建省"第二批义务教育阶段人工智能教育试点校"、厦门市"人工智能进百校"的试点学校之一，全沉浸式的实验室环境，充分满足了教学实践的个性化需求。在体验区，学生可以尽情体验各种人工智能高科技产品："阿尔法大蛋""晓译翻译器""叮咚音响""超脑魔盒"等，这些高科技产品让学生了解生活中人工智能存在的意义，同时也能激发他们将来研发更多人工智能设备的想象力与创造力。

为加强人工智能教育，全面提升学生的科学素质，学校利用科技节活动组织各项 AI 比赛项目，如"无接触垃圾收集车"设计，丰富学生的校园生活；带领学生参加全国中学生人工智能大赛，并获得了全国银奖。

机器人工作室。学校机器人工作室成立于 2012 年，开设包括 VEX、FLL、综合、足球在内的四类机器人项目。机器人工作室用于开展机器人相关知识的普及，培养学生的科学素养和动手能力，开展机器人相关的基础教学及社团活动，学习与机器人相关的编程、控制、机械、自动化等智能化方向的先进知识，开展基于机器人的国内外知名赛事的训练和科创活动，提升机器人等科技领域的素养，开展丰富的社团活动，培养学生的动手能力，组织竞赛队伍参加市、省、国家级知名赛事。

通用技术及劳动课实践室。学校共有三间通用技术及劳动课实践教室。其中，两间用来开展木工及金工实践活动，比如孔明锁、小书架、小板凳、小铝锤的设计与制作；一间教室用于激光切割、雕刻作品的制作。通用技术及劳动课实践室主要用于开展创客教育的教学，展示学生的创新创意和创客作品，参加各级各类创新大赛、创客竞赛等，培养学生实践能力和创造能力，提升综合素质水平。

DIS创新实验室。学校2007年建成物理DIS实验室。教师充分运用DIS数字实验系统高精确度、高灵敏度、实时测量记录数据的特点，设计教学活动，帮助学生对一些生活、生产、自然现象中不易观察的现象进行重新思考与认识，从而让学生对生活、生产、自然现象产生兴趣，为创新提供思想基础，让学生养成遇事就要思考的习惯。长期的思考习惯能催生新的创新因子，如学生在DIS创新实验室研究"纸飞机的空气动力学"项目获首届丘成桐中学科学奖物理金奖。

生物数码互动教室是将现代生物光学显微镜、光电转换技术、数码成像技术与计算机多媒体网络技术结合在一起的高科技教学仪器设备。教室中配备28台学生数码显微镜和1台教师数码显微镜，学生数码显微镜通过分配器和数据线分别连到教师端计算机上，教师机能实时监控学生数码显微镜的图像，并能将学生机图像进行共享，实现学生与教师的双向交流。

数码图像系统还可以实现对图像的对比、分析、测量、统计、标注、优化等处理。与传统实验教学相比，生物显微数码互动系统具备多种优势，如生物微细结构成像完美，图像信息资源丰富，师生互动更为直观，便捷高效，课堂氛围活跃等等。

四、博采名家之长

自示范校建设以来，学校大力拓展与高等院校的课程对接，讲座对接。常态化邀请国内外知名专家教授到校开设讲座，增长师生们的见识，启迪师生智慧，激发创新思维。

钱永刚教授开设"讲钱学森故事，明人生方向"讲座

美国高级数据科学家 Kevin Kindall 博士开设大数据讲座

第四节　勇立潮头，打造范式

创新是一个民族进步的灵魂，是一个国家兴旺发达的不竭动力，也是中华民族最深沉的民族禀赋，正所谓"苟日新，日日新，又日新"。学校紧追创新人才培育的潮头，力求打造创新教学范式。

一、形成独特的创新课程体系

继续完善创新课程体系。在课程体系中着重培养学生高尚的爱国主义情操，培育文理兼修的通才、善于创新的英才，并形成完备的创新校本课程体系。

二、打造可持续发展的优良的科创教师团队

科技创新需要创新型教师的引领。着力打造一支跨学科的创新指导教师队伍，专门从事科技创新的教学和实践指导，进一步完善进修机制，推动教师与时代发展同频共振。

三、与高校共建共育，实现中学大学贯通式培养

中国国内高校共获批设置五个钱学森班，分别位于西安交通大学、清华大学、国防科技大学、上海交通大学和西安电子科技大学。加强与上述五所高校的钱学森班合作，形成联合培育创新人才的机制，推动课程共享、学分互认等机制。同时，高校的创新导师、实验室环境等是中学生创新的重要依托之一。与具有创新活力的高校结成共建共育机制，保证师生们有更好的科技创新理论指导和开发的基地。

创新兴校，丹心如铁；继往开来，再创佳绩。我们将站在新的起点，以"创新人才、特色强校"为中心，坚持不懈地走科技创新之路，努力把学校办成一所名副其实的创新型学校。让科学的精神永存，让创新的智慧闪光，为开创我国科技教育的美好明天而努力奋斗。

第八章

外语引领发展，多元赋能成长

第一节 外语突出，国际视野

一、办学方向鲜明

随着国家深化教育教学改革，全面推进义务教育均衡发展、提高义务教育质量的政策实施和学校高中办学地点的变化，学校高中生源状况发生了较大的变化。相较全国具有保送资格的其他十五所外国语学校生源情况，学校办学形势日趋严峻。同时厦门集团化教育格局与区域教育格局的重组也带来了新的机遇与挑战。在新挑战与新机遇面前，学校认真贯彻《国务院办公厅关于新时代推进普通高中育人方式改革的指导意见》，坚持立德树人，五育并举；坚定"突出外语，文理并重，全面发展"的办学方向，更大力度地改革创新教学模式，不断强化外语特色，深化国际交流，探索信息化技术赋能国际交流新模式，创新发展之路。在教学模式上，学校坚持六年一贯制，采用小班化教学，使用多语种、多元化教材和校本课程，聘请优秀外籍教师担任口语教学，积极营造外语氛围；在教学模式创新方面，学校在坚持六年一贯制大框架下，针对学有余力的学生，将"3+3"的课程模式创新为"2.5+3.5"的强基课程培育模式，全方位对接新高考、新课程，构建有外语特色的厦外课程体系，打造多元升学渠道，除高考外，还有鲜明特色的外语类保送、国外"高考"、"绿色通道"或"直通车"项目，着眼于学生的个性发展和终身发展，持续拓展学生成才渠道；借助区域优势签约当地高校强化外语特色发展，加强非通用语种课程建设，成立非通用语种教研组；构建活跃的国际交流途径，充分利用29所海外姐妹校，打造高规格对外交流项目，同时注重传播中国文化，推广汉语教育，尤其注重与"一带一路"国家姐妹校的互学互鉴，注重信息化赋能国际交流活动，特别在疫情期间探索"互联网＋国际交流"发展模式，加速国际交流活动，构建国际交流项目校本课程；开展丰富的校园文化活动，模拟联合国大会、美式辩论协会、商赛，外语戏剧社团等极具外语特色的学生社团，注重外语优势与其他学科之间的融合发展，注重跨学科人才培养，提升学生学科核心素养和综合素质。

新时代呼唤新作为，新挑战需要新担当。学校在强化外语特色的基础上进一步推进国际化、现代化、信息化、多元化，成为更高水平的外语特色校。作为福建省唯一一所具有20％应届优秀高中毕业生保送全国重点大学资格的学校，厦外坚持多元成才的人才培养模式，学生通过高考、保送、出国留学、多元升学途径考入国内外名校。学校坚持注重投入外语师资建设，全校有英、法、德、日、西班牙语5个语种共124位外语教师，占全校教师总数的21.3％。每年聘请具有国家外专局颁发的外教聘任资质的外教教授外语课程。由于鲜明的外语特色校办学方向，厦外先后被评为"全国中小学外语教研工作示范校""福建省基础教育高中英语学科教学研究基地学校""福建省普通高中英语优质学科课程项目建设学校"。

二、课程理念先进

学校课程体系以办学国际化、多元成才的人才培养模式为着力点，根据不同潜质学生发展需要和未来社会对人才的多样化需求，统筹规划、整体构建，重视校本课程建设，致力于打造符合高考生、外语保送生、出国预备生等不同需求学生的课程体系，具有优质、开放、国际化、现代化等特点。

近年来学校外语教研组持续深化课程改革，坚持以学生为本，开发多元课程，突出特色发展。课程设置和实施旨在从单一的英语知识技能目标转向包含创新思维、思辨能力、国际化视野等在内的思维认知能力目标。外语组形成了以外语核心课程为中心，辅以拓展课程、实践课程、选修课程的高中外语课程体系，开展"有外语特长的多样化国际化创新人才培养模式改革实验"。

鉴于学校是全省唯一一所具有20%应届优秀高中毕业生保送全国重点大学资格的学校，不仅由外语组教师们自己开设大学先修课程，学校还依托地域优势，2022年7月与厦门大学外文学院签约，进一步深化院校战略伙伴关系，并邀请厦大外文教授为学生们开设大学先修课程。此外，学校还开设双语课程，通过双外语并进学习模式，培养外语特长和国际交往能力；开设对外汉语班课程，为来访的海外姐妹校文化交流团开设汉语语言和中华文化课程。

在这样多元的课程体系培养模式下，厦外培养了一批又一批具有扎实外语能力、宽阔的国际视野和创新意识的青年人才。比如，2020年10月在上海举行的第三届世界顶尖科学家论坛上，厦外学子汤杰作为全国47名获邀的中学生"英才计划"学员之一参加了本次论坛的少年英才交流对话会、科学T大会及小科学家论坛。他与多位顶尖科学家、两院院士近距离交流，并用英文演讲的方式，介绍了自己的研究项目《木星与地球之间的洛希瓣双星吸积模拟》，能够用英语和国际顶级科学家交流，并学习了前沿科学知识，彰显了外语学校课程体系培养有外语特长的科技创新预备人才的优势。

三、国际交流开放

从时代对未来人才素养提出的要求，从世界格局发展的角度，国际理解教育正成为世界教育的主题。作为外语特色校，学校不仅开发"国际理解力课程群"，而且通过与国外名校签订"绿色通道"、建立全球姐妹校、参与国际交流项目等方式多维度努力提升学生国际理解力，提供平台让学生锻炼外语能力。

（一）与国外名校签订"绿色通道"

学校与加拿大多伦多大学、加拿大蒙特利尔高等商学院、日本立命馆大学签订"绿色通道"或"直通车"项目。2022年12月又与法国鲁昂高等工程商校联盟签约了中法留学直通车项目。法国鲁昂高等工程师商校联盟由法国鲁昂高等电子工程工程师学院、法国ECAM里昂工程师学院、法国拉罗谢尔高等工程师学院和法国诺欧商学院四所法国精英大学组成，四所高校均有着超过百年的历史，所颁发的文凭均被中国教育部认可。

与法国鲁昂工程师商校联盟线上签约

学校在全球建立姐妹校，与德国约翰诺伊姆中学、法国巴约市阿兰·沙尔捷高中、澳大利亚墨尔本杰纳正诺学院、英国卡迪夫公学、泰国东盟普吉泰华学校、新加坡南侨中学、日本佐世保市立广田中学、荷兰祖特梅尔市阿佛玲中学等29所学校建立了姐妹校关系。在对外交流中，学校注重传播中国文化，推广汉语教育，尤其注重与"一带一路"国家姐妹校的互学互鉴。疫情期间与多所姐妹校开展形式多样的线上交流和虚拟互访活动，被央视、福建新闻、厦视等各级各类媒体报道。从2018年至2022年，尽管疫情阻隔了线下的国际交流活动，学校依然运用现代化技术，坚持通过线上交流、邮件交往等方式保持频繁的国际交往。五年时间里，线下线上共组织了35场与姐妹校的国际交流。

（二）参与高品质国际交流项目

积极组织学生参与政府组织和社会团体组织的各项国际交流项目和活动。如美国高中交换生项目、AFS交换生活动、安生创新特训营、厦外牵手耶鲁——拓展国际视野交流活动、厦外——麻省理工学院（MIT）领导力冬令营、哈佛"中国大智汇"创新研究挑战赛、韩国济州岛亚洲青少年论坛、厦门国际友城体育夏令营等活动。这些活动为学生的国际视野和国际理解能力的提升起到了重要作用。学校加入世界名中学联盟（WLSA），为学生参加多样化高水平国际交流创造机会。2019年11月学校三名学生再次参加该项目，分别去哈佛、耶鲁、麻省理工校园进行学习。此外，学校还积极引入全国语言学奥林匹克竞赛以及由哈佛大学与复旦大学、清华大学共同举办的学术研究和创新实践的中国大智汇创新研究挑战赛（China Thinks Big）。这些活动为拓宽学生的国际视野和提升综合竞争力起到了重要作用。

在开放的国际交流氛围中，厦外学子打开国际视野，也成功申请到国外知名学校就读。2018—2022年，有175名学生出国，其中超过22%学生考入世界前50名校，有33名学生通过多伦多大学绿色通道考试被录取。学生留学目的国除了美国、英国、加拿大、澳大利亚外，由于学校开设高起点非通用语种专业，德语、法语、日语、西班牙语学生也都有机会到相应语种的顶尖大学留学。

第二节　课程多样，学科引领

一、建设学科精神，培育教研文化

为强化外语特色，外语组以《普通高中英语课程标准（2017年版2020年修订）》为指导思想，结合校情，凝练了厦外外语组"Learning"学科精神。厦外校训是"进德修业（Perfection of Virtue and Learning）"，外语学科的学科精神取自校训中的"Learning"，意为希望厦外学子在外语学科中习得养成的学科精神将助其终身发展。"Learning"学科精神分为8个部分，由每个部分的首字母（除第7部分Chinese由第四个字母）汇聚而成。"L—Liberal Education"博雅教育，意为通过外语Max博雅课程培育学生广博知识与人文素养，"E—EC Literacy"意为培育学生的共情与跨文化交际素养，而"A—Aesthetic Literacy"则意为培育学生的美学素养，这前三个首字母构成"Learning"学科精神的第一部分"Fundamental Literacies"（学养）。"Learning"学科精神的第二部分侧重培养学生的气质（Character Qualities）："R—Readiness"意为培育学生热情活泼、积极主动、坚定果敢的气质；"N—Nobility"意为培育学生的高尚品德；"I—Intellectual Standards of Thinking"意为培育学生运用九种智力标准来衡量思维质量的能力，提升思维品质。"Learning"学科精神的第三部分指明了培育学生的目标（Mission Statement）："Chinese Soul"和"Global Mind"，意为培育具有中国灵魂、世界胸怀的厦外学子。

厦外外语学科精神——"Learning"

教研组建设是学校整体提升办学水平和教学质量的关键。以文化为指向的教研组建设是教研组发展的不竭动力，其核心是以人为本的文化管理与建设。外语组基于国家课程标准、"Learning"学科精神以及学生培养目标，培育厦外特有的教研文化，以促进教师发展，推动学生发展。学校教研组文化由四部分组成，分别为文化理念、管理文化、课程体系、教师发展。文化理念是价值层面，是教研组文化的软抓手，是团队的核心价值观，是整个团队合作的精神保障，是整个团队的灵魂。厦外外语组奉行的教研组文化理念是"简单地活着、仁慈地爱着、深深地关心、友善地说话"（Live simply. Love generously. Care deeply. Speak kindly）。"爱合作、乐分享、有创意、愿拼搏"已然成为学校外语组老师们身上的特质。正是在这样共同的文化理念下，学校教研组取得了一个又一个的教学教研成果。管理文化是制度层面，是教研组文化的硬抓手，是教研组良好运行的保障，是优良的教研机制稳定传承的关键一环。制度的建设是一个动态的过程，为了使每一个教研组教师更有主人翁意识，每隔一个阶段，教研组会提供管理标准的框架，不定期组织组员就某一项目进行研讨，促进制度的科学化建设。外语组管理宏观目标力求与国家、省、市、校四级的新政策相协调，引导整个教研组群体的文化价值取向，努力建构一个有高品质专业素养与职业精神追求的教研组，使得每一个教师能拥有一个优质的职业生活方式，而教研组管理微观目标则努力符合"最近发展区"原则，在充分了解每个教师的特点与优点的基础上，将微观目标设置在教师已有专业发展水平的"最近发展区"的阈值之内，以生成教师的专业发展动力。课程体系是行为层面，是教研组文化、学生培育目标的具体化和依托。外语组课程以立德树人为统摄理念，基于语言能力、文化意识、思维品质、学习能力四个学科核心素养，并综合厦外外语组"Learning"学科精神及厦外的学生培育目标提出了四个维度的外语课程体系。教师发展是人本层面，外语组注重教科研文化建设，构建"学习共同体"，形成常规的专题教研以引领组员专业化发展，在教科研活动中以教师发展为核心，力求实现每位教师全面发展，激励调动和发挥每位教师的积极性和创造性，引导其实现预定的目标，促进人生价值的实现。

2018—2022年，外语组2人获全国级奖项，12人获省级奖项，88人获市级奖项。吴麦琪老师制作的微课获2020年全国教育教学信息化交流展示活动全国一等奖，姚沐杉老师获福建省第四届中小学中职学校幼儿园教师教学技能大赛一等奖，陈莹老师获第三届福建省中小学优秀教科研成果二等奖，吴麦琪老师获福建省基础教育精品课省优，陈锦英、沈爱老师获福建省中小学优秀作业设计省优，庄满满、魏育秀、高旭、吕妹仔、沈爱5位老师获2021年厦门市基础教育课堂教学改革创新大赛一等奖，英语组包揽2020年厦门市首届高中单元教学设计评选5个一等奖，连续两届获厦门市中小学作业设计评选活动一等奖。法语老师杨淳、郭映婷、吴金娜受上海外语教育出版社委托主编中学法语教材。2014—2017年，法语老师杨淳、吴金娜作为法语课程的中学专家代表，参与到2017年版普通高中法语课程标准制定、课程标准解读工作中。德语老师王顺华、刘伟通过考核获评DSD（德语语言证书）考官资格。

二、构建多元课程，促学生全面发展

党的十九大明确提出："要全面贯彻党的教育方针，落实立德树人根本任务，发展素质教育，推进教育公平，培养德智体美全面发展的社会主义建设者和接班人。"新一轮的课程改革提出"学生发展核心素养"这一概念，涵盖人文底蕴、科学精神、学会学习、健康生活、责任担当、实践创新六大素养，它是学生在接受学校教育过程中，逐步形成和提升的符合社会发展和个人发展需要的必备品格和关键能力，强调知识、能力与价值观的有机融合，并通过课程改革、教学实践和教育评价三条途径加以落实。21世纪的人才需要有个性的发展、多样性的发展、选择性的发展。英语课程目标由单一走向多元，由学科教学层面转变为学科育人层面。在新课程标准指导下的高中外语课程要兼顾教育的个性化和多元化，就要增强课程的多样性和选择性，课堂教学方式要以学生为中心，因材施教，加强个性化培养，融合多种学习方式，如自主学习、小组学习、合作学习、探究学习，让学生的学习形态呈多样化发展趋势，让学生核心素养的发展融入所有的教学环节。

外语组各语种基于国家课程标准、学校外语组"Learning"学科精神以及学校对学生的培育目标，开展"基于核心素养的高中外语多元课程体系研究"，通过细化高中外语教学目标，构建学校高中外语多元目标体系，开发多元校本课程，促进学生外语学科核心素养培养，满足学生个性化发展的需求，培养具有中国灵魂、国际视野的复合型人才。在这样的宏观目标指导下，教研组逐步形成了以核心课程为中心，辅以拓展课程、活动课程、选修课程等不同课程形式，同时不断探索"有外语特长的多样化国际化创新人才培养模式改革实验课程模式"，开展以英语为主体的"1＋N"

多语种教学研究。以英语为主体的"1+N"多语种课程分为两个维度，一个维度是面向学生开设双语课程，学生可以通过双外语并进学习模式，培养外语特长和国际交往能力，另一个维度是面向国外学生开设对外国际交流课程，发挥学校作为对外汉语国际推广中小学基地校和福建省海外华文教育基地的示范作用，为来访的海外姐妹校文化交流团开设汉语语言和中华文化课程，建设中国厦门外国语学校—法国巴约阿兰·沙尔捷孔子课堂，开设"中荷未来英才云端课程"等。

与海外姐妹校文化交流团交流文化

此外，学校还探索"外语+X"和"X+外语"的培养模式，以促进学科融合，改善学生的知识结构，培养学生的创新能力，如学校的钱学森班创新课程，致力于培养有外语特长的科技创新人才。

三、借助信息技术，赋能特色交流

学校与亚洲、欧洲、北美洲、大洋洲的12个国家与地区的29所学校建立了姐妹校关系，定期与海外姐妹校开展交流，获评成为中法百校合作计划项目学校，作为中美千校携手计划项目学校以及中德"学校——塑造未来伙伴（PASCH）"项目学校，积极参加交流，并组织德语、法语、西班牙语、日语等其他语种学生，通过远程教学传播中华文化、传递中国声音。学校赠给法国姐妹校阿兰·沙尔捷中学抗疫爱心礼包，获得中央电视台等多家媒体报道。

厦外参加厦门跨国界战"疫"云悦享活动

学校依托信息技术开发了更加丰富的线上交流课程，包括国际理解课程、审美素养课程和科学素养课程三个大类。黄锦亮副校长还在 2023 年 2 月 16—18 日举行的第 23 届中国国际教育年会上，作了题为"建设 5G 智慧校园，赋能对外交流变革"的经验分享。她提出要挖掘更多信息技术应用场景，不断推动交流活动智能升级、融合创新。

黄锦亮副校长在第 23 届中国国际教育年会上作经验分享

学校与荷兰姐妹校祖特梅尔市阿佛玲中学开设"未来英才"云课堂。双方师生通过网络平台就"我和我的家庭，我和我的学校，我和我的社会，我和我的世界"四大主题进行小组学习研讨。该课程在高一、高二常态化实施，为全校性公共选修课，计入学分。目前已经完成5期课程，逾100名学生成功获得课程证书。

学校还与国外姐妹校通过网络直播同上中国文化课。课前通过网络调查了解双方最感兴趣的文化主题，课堂上采用双师课堂模式进行互动。如"中泰同上一节课"，互相介绍当地风光，中日姐妹校探讨两国传统节日；法、德、日、西班牙语种学生拍摄多语种介绍厦门的视频，用多语种讲厦门故事；与中日友好学校学生合作拍摄"云互访"视频，实现线上携手。

学校和英国、美国的姐妹校共同探索线上戏剧课堂。以录播和片段演出直播相结合的形式进行戏剧展示，并进行线上实时点评、讨论。同时，中外学校正在探索利用信息技术嵌入虚拟舞台场景，使线上演出更生动。学校还跟姐妹校进行非遗传统艺术云端展示，如漆线雕、剪纸艺术。这些课程不仅提升了双方学生的审美素养，而且还弘扬了中国传统文化。

未来世界经济与社会发展需要具备科学素养的人才，需要具备跨学科、跨文化领域思维的人才，需要能够建立交叉思维的科学公民，学校不仅面向校内学生推行"外语＋X"和"X＋外语"的培养模式，创设钱学森班创新课程，而且与校外姐妹校共研共建STEM课程。在与姐妹校香港东华三院邱金元中学共研共建STEM课程过程中，双方相互学习对方课程优点，从课程开发与实践全程借助信息技术进行，从前期线上会议沟通选题、建模分析、中期汇报，到线上模型展示、答辩，历经三个多月。三个月见证了选手们逐步建立跨学科融会贯通的思考模式，见证了他们科学素养逐步形成的过程。此外，在与海外姐妹校进行线上互访时，为了改变传统的跟随镜头的第三视角参观模式，学生在信息技术教师的指导下制作VR全景厦外，使海外同学能以第一视角更加生动地参观学校。

随着线下交流逐步正常化，我们将挖掘更多信息技术应用场景，不断推动交流活动智能升级、融合创新，插上数字化的"翅膀"，让特色交流改革发展未来拥有无限可能。

第三节　社团多彩，素养提升

一、校园特色精品文化之外语节

2021年6月16日《中国日报》记者采访了黄锦亮副校长、陈锦英老师、校友卓越同学以及2022届叶明锐同学，采访后记者写了一篇题为《厦外：用语言搭建合作的桥梁》的文章刊登在《中国日报》上。现将当时英文稿的中文翻译（部分）呈现如下：

大手牵小手，再现原创音乐剧

今年4月，卓越在母校厦外第二次演出了他的原创音乐剧 Goodbye Zoo（《再见动物园》）。13年前，当时还是在校生的卓越第一次出演了这部由他创作了其中五首歌曲的音乐剧。不过，这一次，正在英国卡迪夫大学学习作曲的28岁的卓越，又再次成为了新版音乐剧《再见动物园》的管弦乐队指挥。这部音乐剧是3月29日至4月该校外语节的亮点——戏剧之夜中的节目之一。

戏剧《再见动物园》讲述了动物园里的动物渴望自由以及它们与动物园管理员之间的关系。这部音乐剧于2008年首次在校园亮相，获得了极大好评，卓越和他的同学们还在厦门市电视台演出了这部音乐剧。也正是那次经历在卓越的脑海中埋下了一颗音乐的种子。在英国完成经济学硕士学位后，他决定攻读作曲博士学位。

因去年新冠疫情影响，卓越回到了厦门。在一次校友活动中，他被邀请在今年的外语节上助演《再见动物园》。他帮助高一的学弟学妹们翻新原版音乐剧，并与他们合作为音乐剧又写了两首新歌。

该校外语组组长、外语节负责人陈锦英老师在谈到卓越时表示："外语节的大手牵小手的传承力量总是很鼓舞人心，我希望将这种传承力量传递给一届一届的学生。此外，我们还注重培养学生增强国家认同和家国情怀，培养他们跨文化沟通和传播中华文化的能力。我们引导学生阅读中国经典文化，引导他们改编、翻译中国经典文学、中国经典戏剧，如《雷雨》《红楼梦》等。"

外语节原创英语音乐剧《再见动物园》演出剧照

外语节英语话剧《雷雨》演出剧照

除了卓越参演的《再见动物园》，戏剧之夜表演还包括了十几部原创或改编的三幕英文剧，如 *Mr. Donkey*（《驴得水》）、*Forever Young*（《无问西东》）和 *Friends*（《老友记》）等。

外语节戏剧鼓励学生们自主探究，教师帮助学生们把握方向，修改剧本，而其他的工作，从服装、道具到灯光、音响，鼓励学生们自主完成。陈锦英老师表示，通过对戏剧中人物和故事进行研究，学生们了解了更多的优秀的多元文化。为加强学生们的学习能力，陈老师还引导学生们学会运用新媒体，为他们自己编排的戏剧设计海报做宣传。

学校自1981年建校以来每年都会举办英语艺术表演活动，该活动逐渐发展为外语节。学校还曾举办跳蚤市场，让学生在市场上售卖闲置物品，而"交易"必须要用外语完成。

黄锦亮副校长表示，希望学生可以在外语节上练习外语。外语节的大部分工作由学生自己完成，这在培养他们的规划和沟通能力的同时，也培养了他们的团队协作精神。她还提到，口语比赛的讨论话题是由高三保送生和负责专项的老师共同讨论提出的，大多都是能激发参赛者深入思考的热点话题，口语比赛也是高年级学生展示能力的平台，同时也可以启发和鼓励低年级学生进行语言学习。

学校还要求学生改编他们在课堂上学到的文学作品。叶明锐是一名高二学生，是外语节戏剧 *O Captain! My Captain!*（《啊，船长！我的船长！》）的导演。该剧改编自1989年的好莱坞电影《死亡诗社》，剧情与沃尔特·惠特曼的诗歌《啊，船长！我的船长！》深深交织在一起。在叶明锐同学上高中的第一天，他的老师就要求全班同学将观看这部电影作为周末作业。叶明锐同学说："我们之所以选择这部剧，是因为我们认为学校（的教育理念）对我们有很大的影响和启发。"

该剧的演职人员团队由来自三个班级的30多名学生组成。叶明锐同学将他们分配为六个小组——剧本、导演、表演、道具、技术和化妆，并制订了工作时间表和待办事项清单。这部电影的背景设定在上世纪50年代，所以学生们需要准备道具来展现那个时代的背景。

2023年外语节英语话剧《啊，船长！我的船长！》演出剧照

文化主题展板创作也是本届外语节的一大亮点。展板通常以某一个国家文化为主题，并由两个班级合作完成。这些国家主要包括亚洲和欧洲的一些国家，包括中国"一带一路"合作国家。除了国家文化主题展板创作，还有十几名学生共同制作了多语种视频《嗨！厦门》。这段视频中，学生们用法语、德语、西班牙语和日语介绍厦门并展示了旅游景点和当地小吃，并在外语节上展出。视频中，学生们把繁华的中山路步行区旁的一条小巷里的传统茶馆作为其中一个拍摄地点。通过该微视频拍摄活动，学生们展示了外语学习者用语言传递中国文化、当地文化的责任与情怀。

二、外语特色精品社团之模联与美辩

（一）实干扬真我，笃行致青春——2022年厦外模拟联合国活动

校模拟联合国成员每学年积极参加多场含金量十足的校外会议并取得优异成绩。光鲜亮丽的背后，是脚踏实地的付出，这得益于学校模拟联合国协会历届主席团秉承传递薪火的信仰，在2021—2022学年全新推出系统学术课沙龙。该沙龙包括文件写作、公开演讲、议程演示，采取必修、选修两种选课形式，其中文件作为模联会场的重要工具，文件写作为必修课。系统学术课沙龙的推出对主席团成员是一次巨大的挑战，在学术课开始前主席团需在系统知识上、授课流程上做好充分的准备以保证课堂的效率以及成员们的吸收程度。

学术顾问李卓和学术顾问陈思如带领模联成员多角度提高自身的公开演讲水平。成员们对"女权运动是否应该得到大力支持"这一辩题展开了讨论，并在沙龙中熟悉演讲注意事项，包括人称的使用、与观众评委的眼神交流、演讲者的肢体表达等，为了更好地让成员们了解公开演讲的场景，主席团成员通过随机抽取演讲题目的形式进行即兴演讲示范。

学术总监肖禹江和执行媒体官徐湘盈在此次学术课中带领模联成员一起体会更为细致的会议流程。从 Draft Resolution 投票到危机的爆发与解决，主席团全程为大家解惑答疑，确保成员在模联会场上能够清楚地知道下一步该做什么，带动起会议节奏，推进会议发展。

模联成员们求知若渴

（二）九鼎一言辨绪思弦，足履实地精进不休——2023年厦外美辩协会活动

在辩论活动中，厦外学子针砭时弊，讨论了留级制度的可行性与弊端，论辩了补偿性加分政策的利弊，研究了NFT（非同质化通证）的过去、现在与未来，更放眼国际，对"兴奋剂"是否应该全面禁止提出了自己的看法，用厦外礼仪、中华灵魂、世界胸怀展现出独属于厦外人的风采。

尽管日常课程繁忙，学生们依然能够高效利用课外活动时间，顺利举办中英文校内赛。英文组采用NHSDLC秋季赛辩题，在校内对美联储带来益处与否展开精彩辩论。为了准备这一比赛，学生们打破知识屏障，开始了解经济学知识，每一位参赛选手都收获颇丰。同时中文组对"LGBT婚姻是否应该合法化"展开辩论。这是国内外互联网上十分热门的话题，而对此进行辩论的学生则必须考虑社会生活的方方面面，评估合法化带来的影响，从而展开论述，所需要的不是两耳不闻窗外事的学子，而是中国灵魂、世界胸怀，家事国事天下事事事关心的新时代人才。通过美辩活动，厦外学子增长了视野，也拓展了胸怀。

厦外美辩
协会活动

三、中荷"未来英才"云端课程

课程背景：荷兰祖特梅尔市与厦门市是国际友好城市，在此基础上，厦外与荷兰祖特梅尔市阿佛玲中学在 2019 年签订合作协议，阿佛玲中学成为厦外的第 26 所姐妹校。阿佛玲中学开设汉语选修课程，拥有专职汉语老师 Claire，该教师曾经在北京大学留学，中文十分流利，欣赏中国文化。副校长 Devilee 女士曾于 2019 年带队访问厦外，开展了一系列语言文化交流活动。2020 年受疫情影响，两校探索线上交流新模式，采用线上课程共建的形式，保持语言与文化交流，旨在帮助学生提升语言能力，拓展树立国际视野，培养跨文化交际素养。

课程开发与设置：中荷云交流课程由中荷双方学校组织开发，立足学校办学传统和目标，发挥两校特色教育资源优势，以灵活的课程形态服务学生个性化学习需求。课程使用的校本读物由中荷两校共同开发，内容涵盖语言、艺术、文学等领域，包含"我的学校""我的城市""文学与戏剧"等八大主题。课程形式分为线下文化课程和线上交流课程，即两校学生需先在双方教师的指导下进行线下文化课程学习，建立对交流话题的深入了解并完成课程作业，然后再进行线上交流课程，两校学生在交流互动中提升语言能力和跨文化交际能力，加深对中华优秀文化的理解，培养家国情怀。

课程开展效果：课程注重实践性、体验性和科学性。作为国际交流课程，课程的开展受到两校的大力支持和学生的热情参与。至今，两校已经连续三个学年合作开展共五期"中荷未来英才云交流"共建课程。学校以线上共建课程为契机，充分发挥教育资源优势，突出国际教育合作交流对学校人才培养的支撑作用，实现特色发展。

学员分享：

<h3 style="text-align:center">以"中国灵魂"感知"世界"胸怀</h3>

列夫托尔斯泰曾言："与人交流一次，往往比多年闭门劳作更能启发心智。"学习语言便是如此。在上学期的中荷交流中，我与荷兰伙伴 Sophia 开展了一系列以"中荷文化"为主题、以"校园生活"为背景的"云对话"，对彼此所在的国家、城市有了更全面而深刻的认知，深刻了解了文化的差异性。交流课程搭建了一个更加广阔的学习平台，在课程中我们就话题进行深入探讨，这有助于形成辩证探讨问题的能力、更加开阔的眼界，同时使我萌发了对更高远境地的探求欲望。

最让我印象深刻的话题是对于彼此校园生活的分享，国内外学生的生活既有不同也有很多的相同之处。Sophia 对我分享的厦外生活颇感兴趣：历届学长学姐在外语节上呈现的精致作品、色味俱佳的食堂饭菜、游走在校园角落的小橘猫……

十分感谢学校给我提供这样一个途径，让我有机会突破自己，积累丰富的学习体验，以"中国灵魂"感知"世界胸怀"，为高中生活添上一缕亮丽的色彩。

——高一（14）班　王毓华

<h3 style="text-align:center">越千万山水，以文化结友</h3>

随着寒假的临近，高一上学期画上了一个圆满的句号。在这一学期里，有尝试、有挫折、有奋斗、也有成长。要论最奇异的经历，还属参加厦外与荷兰阿佛玲中学共同举办的线上中荷交流学习课程。

记得当我在电脑屏幕中看到交流伙伴 Erwin 时，我既激动又忐忑不安，我从未尝试过与同龄的外国学生像朋友一般沟通，但他的一丝腼腆与笑容很快就融化了我心中的顾虑。这时我意识到，在大洋彼岸的不是差异与陌生，而是全世界少年同样纯真的笑容。在进一步的了解后，我惊喜地发现了我和 Erwin 共同的爱好——音乐。他弹钢琴，我拉二胡。课程结业的时候，我们在线上共同合奏了一曲《茉莉花》，为我们的友谊"献花"。

　　有人说，语言与文化差异是国际交友最大的障碍，但在我看来这是个伪命题。语言或许会影响交流的准确性，但随着翻译软件与科技的进步，语言不再是个拦路石。文化差异或许决定彼此的思维方式与生活模式，但尊重、包容与关爱可以成为友谊的纽带。所以，最重要的其实是一颗炽热的心，一颗跨越千山万水的心，一颗容纳中国灵魂的心，一颗容纳世界胸怀的心。在上学期的课程结业仪式上，王毓华现场写了一句话送给荷兰伙伴，我想把这句话分享给同学们、给 Erwin、给我自己共勉——前途似海、来日方长！

——高一（12）班　姜孟乔

中荷未来英才云交流课程

第四节　发展多元，各美其美

一、坚持推进多样化教育，服务学生多元发展的需要

多样化教育的机制保障。继续坚定办学方向，探索多元化的办学模式和学校发展形态，加大力度做好学生的生涯规划，从机制上保障更多的学生不仅着眼于高考升学，还放眼港澳就学、海外留学等多元升学出口。积极构建外语特色的育人范式，着重做好支撑外语特色校运行和发展的机制保障，如在疫情后加强涉及外籍教师的招、管、用、留的工作力度，增加外语活动场所和设备的投入，以服务于学生多元发展的需要。

特色课程的多样化。通过建设"校中品牌书院"融入到学校办学理念中，以外语"Learning"学科精神和学生培育目标为引领，深度融合学校底蕴、地域文化、中国传统文化、英美文化、博雅课程，构建学校特色的外语书院课程体系和校园精品文化，提供多样化选择新平台，促进学生个性化、多样化发展。

评价和考核标准的多样化。评价和考核标准的多样性是尊重人才和人的发展规律的重要体现。推动高中阶段多样化发展，立足点是人的全面发展，要始终坚持以人为本的科学评价态度。不断完善学校管理和教育评价体系，根本性转变唯分数的评价体系，在评价过程中，融入成长型思维模式，给予师生更大的进步空间，给予学生更具有弹性的发展空间，让学生体会到生命的自由和喜悦，体会到人生的意义，同时着眼于学生的"最近发展区"，让学生将个人的目标设为"成为最好的自己"，更好地发挥出自身的潜能。

二、凝练特色校园文化，着力造就创新人才

改革创新是教育事业发展的强大动力，习近平总书记强调，惟改革者进，惟创新者强，惟改革创新者胜。创新人才一般兴趣广泛、行事自主、

敢于试错、激情充沛、心灵自由，并且思维活跃、想象力无限。外语特色校在新时代新背景下着力打造培育创新人才的路径。

打造学校文化浸润机制。继续发扬外语特色校"丰富、多元、自主、开放、包容"的教育教学生态。教学生态包括课程设置、课堂教学、教学管理、教学评价、教学资源与设施设备等多个方面，它们共同构成了学生浸润时间最长、对学生影响最深刻的生态系统，直接决定着学校文化与教育品质，应花大力气去创设丰富多样、多元开放、有机高效的教学生态。学校将继续从精神文化层面、物质文化层面、制度文化层面、活动文化层面进行建设，全面提升学校设施设备的现代化、智能化水平，全面保障给予学生个性化成长的时空，供学生挥洒才情、施展才华、体验成功。

丰富外语 Max 课程体系。继续丰富"外语＋外语"，探索"外语＋X"和"X＋外语"的课程体系，以促进学科融合，帮助学生建立跨学科融会贯通的思考模式，改善他们的知识结构，培养他们的创新能力。未来，学校将突出与外语融合的大学先修课程、STEM 课程、领导力课程、创新素养课程等，形成具有较大整合性、层次性和梯度性的创新人才培养外语特色课程矩阵，并不断完善课程后续开发和课程评价等机制，切实提高课程实效。

三、推进高水平对外开放，提升师生全球胜任力培养

党的二十大报告提出"推进高水平对外开放"。习近平总书记指出，教育对外开放是我国改革开放事业的重要组成部分，要服务党和国家工作大局，统筹国内国际两个大局，提升教育对外开放质量和水平；要扩大教育对外开放，优化教育开放全球布局。

学校将继续推进与国际交流，推进高水平对外开放。目前，厦外已经与亚洲、欧洲、北美洲、大洋洲的 12 个国家与地区的 29 所学校建立姐妹校，并与加拿大多伦多大学、加拿大蒙特利尔高等商学院、日本立命馆大学签订"绿色通道"或"直通车"项目。未来，学校将继续以高质量发展为导向，以激发活力为目标，积极扩大合作伙伴规模，不断深化合作伙伴

关系，创新合作模式，拓宽教育渠道，通过开展外籍教师引智、语言教学能力提升、师生文化交流、引导高质量出国留学等方式，丰富学生选择。同时，根据研究新的政策，研究新的运行模式，吸引更多的海外学生到厦外学习汉语、了解中华文化，并尝试招收海外学生。

随着人类命运共同体理念、"一带一路"倡议的深入推进，中国进一步走向世界舞台中央，承担更大更多的国际责任。提升中学生的全球胜任力意识与素养，为中国参与全球治理做好人才储备，显得尤为必要与紧迫。习近平总书记指出，参与全球治理需要一大批熟悉党和国家方针政策、了解我国国情、具有全球视野、熟练运用外语、通晓国际规则、精通国际谈判的专业人才。鉴于此，学校除了前文提到的拓展国际交流项目、拓宽多元升学选择外，外语组教师将整合原有校本课程，开发出一系列具有文化包容性的国际化课程，通过线上访学、专题研究、系列短课程、邀请国外合作院校导师等方式，不仅让学生厚植家国情怀，传播中华优秀文化，而且引导学生在真实情景中实现思想的碰撞和多元文化的交融，有效提升学生国际竞争力；外引内育，构建具备全球胜任力的师资队伍。学校一方面引进优秀外籍教师，进一步提升思维、学术多元交流氛围；另一方面稳步推进本校教师国际化培养，与全球合作院校联合开发跨国培训项目，组织教师进行交流学习，在跨文化情境中发展教师的全球素养，使教师获得对多元文化等全球性问题的积极体验，以此带动学生的全球胜任力的培育。

第九章

锚定卓越目标，实现跨越发展

第一节　依法治校，全面发展

厦外在示范性普通高中建设学校的申报、创建、认定和辐射的过程中，全面提升办学效益，取得显著成效，主要体现在以下几个方面。

一、全面从严治党，依法治校，获得众多荣誉

学校以习近平新时代中国特色社会主义思想为指导，深入贯彻落实党的教育方针，贯彻落实全国教育大会精神，坚持全面从严治党，依法治校，立德树人，五育并举，取得了优异的成绩。

2018 年以来，厦外获评第二届全国文明校园，全国示范性外国语学校，第二批全国国防教育特色学校，首批全国英才计划培训基地，第三批全国中小学中华优秀传统文化传承学校，中科协、教育部 2019 年中学生科技创新后备人才培养计划（英才计划）优秀组织实施单位，福建省首批示范性普通高中，福建省平安校园，第三批福建省中小学心理健康教育特色学校，第四批"福建省基础教育高中英语学科教研基地校培育单位"，福建省第二批全省民族团结进步重点区重点单位。

二、立德树人，五育并举，成就学生的每一种可能

2018 年以来，学校坚持"五育并举"，促进学生德智体美劳全面发展。学校针对学生个体特点，因材施教，多元开发学生的潜能，让每个学生成

为更好的自己。

德育方面，完善德育课程体系，突出学校德育的顶层设计；加强德育队伍建设，完善全员德育制度；落实德育课程的有效实施，发挥课程育人主渠道作用；打造"文明家校路，最美厦外人"文明品牌，促进学生综合素质全面提升。其中有1人获2020年福建省"新时代好少年"称号，有4人被招录为全省特招空军飞行学员。

2022年厦外三位优秀学子被招录为空军飞行学员

智育方面，积极推动校本课程体系建设；夯实教学常规，力促减负提质；分类分层教学，指导学生主动发展；聚焦以培育核心素养为目标的育人方式变革。学校本一上线率均在90%以上，本科上线率99.5%以上；51人被清华大学、北京大学录取；561名保送生被清华、北大等全国重点大学录取。2020年，学校3位同学代表中国队首次摘得国际标准化奥林匹克竞赛金牌；2人参加第三届世界顶尖科学家论坛并发表演讲；1人获丹麦青少年科学家竞赛国际组三等奖；获国家级奖项66项，获省级奖项90项。

崔逸飞、阮煜昕、洪悦骞代表中国队首次摘得国际标准化奥林匹克竞赛金牌

体育方面，体育普及与特长培养并重，保障学生体育课和体锻时间，推动学生特色发展。获国家级奖项 3 项，省级奖项 24 项。

2021 年厦外荣获厦门市校园足球中小学生联赛高中男子甲组冠军

美育方面，开设音乐、舞蹈、书法、绘画、版画制作、扎染等多种特色校本课程。艺术社团种类繁多、活动丰富。获省一等奖 3 项，二等奖 2 项，三等奖 3 项。

学生展示扎染成果

劳育方面，开发校内外劳动实践基地，将劳动教育融入研学活动，开发木工制作、3D打印等丰富多彩的综合实践课程，积极开展校外劳动教育基地、"回报母校，服务社会"实践活动。其中1个项目被列入福建省百个中小学劳动教育实践特色项目名单。2021年，1个项目获评福建省第三批中小学劳动教育实践特色项目。2021年，厦外获评"厦门市中小学劳动教育示范学校"。

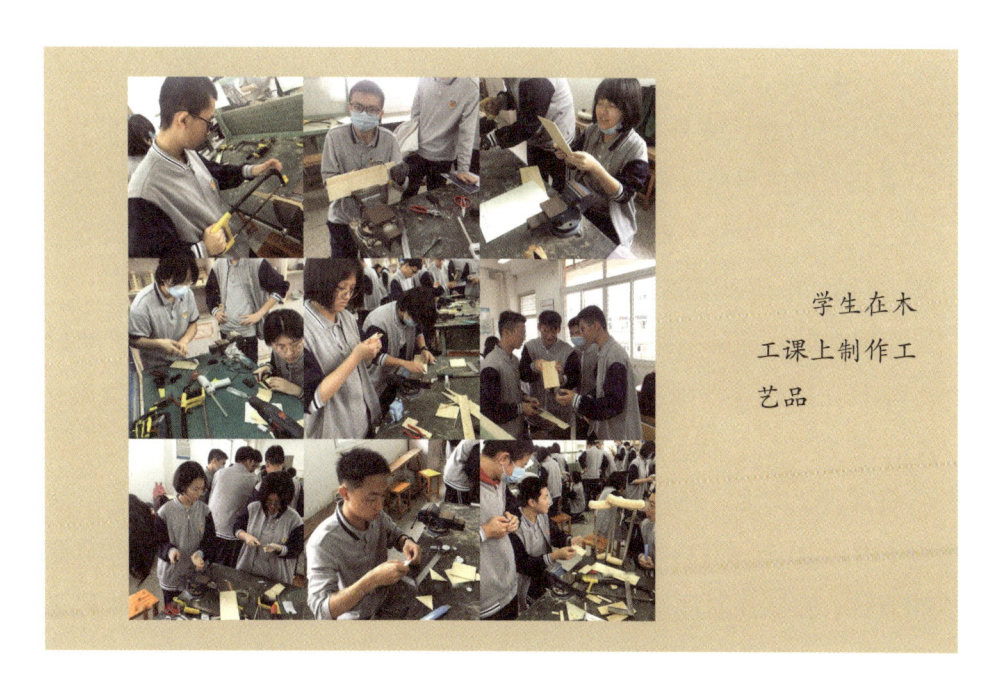

学生在木工课上制作工艺品

学生按时毕业率超过99%，健康合格率达到98%，学考合格率超过99%。本一上线率超过90%。学校对学生发展增值作用显著，学生整体素养有明显提升。

三、开展师德师风师能建设，培育"四有"好老师

学校组织教师师德教育培训，开展德育研讨活动、班主任专业技能的培训和比赛活动，通过学校官网、微信公众号报道先进事迹，讲好师德故事，宣传师德典型，开展师德师风建设。学校每年进行师德满意率调查，近三年的师德满意率均达到90%以上。校党委书记、校长谢慧获评"厦门经济特区建设40周年先进模范人物"。副校长钱永昌被授予2021年"全省优秀共产党员"称号。

学校名师荟萃，其中正高级教师5人，福建省特级教师5人，国家"万人计划"教学名师1人，政府特殊津贴教师1人，福建省中小学教学名师4人，福建省名校长1人，福建省学科带头人11人（在培5人），国家级骨干教师1人，省骨干教师3人。福建省杰出人民教师1人，福建省优秀校长1人，福建省优秀教师4人，福建省优秀青年教师1人，博士生3人。

2018年以来，厦外教师教研成果丰硕，其中获国家级教学成果奖1项，省级教学成果奖1项，市级教学成果奖3项；在CN刊物上累计发表文章326篇，其中核心期刊36篇；专著、编译有7部；论文选入市级以上汇编77篇，市级以上获奖52篇；在报纸上发表10篇文章。

厦外教师在教师技能大赛、优课评比等比赛中也成绩斐然。2018年以来，学校在福建省教师技能大赛中，共有6位教师获奖，其中一等奖3人，二等奖2人，三等奖1人。

优课评比方面，在"一师一优课，一课一名师"活动中，有12节课获得部优，10节课获得省优；在精品课评比中，1节课获得部优，10节课获得省优；在三优联评中，9节课获得部优，8节课获得省优；在课程育人优课中，2节课获省优；在单元作业设计上，11人获得省优。

四、开放办学，结对帮扶，合作共赢

随着厦外集美校区在 2021 年 9 月的正式开办，厦外目前已形成一校三区的格局。三个校区的行政、师资、教学、教研都实行一体化管理，同资源、同政策、同考核、同评价。

厦外积极开发并开放学校资源，与合作帮扶学校共同举办了丰富多彩的教学开放周、云端亲子阅读等活动。同时，学校主动帮扶薄弱学校改革发展并帮助其达标晋级，取得了良好的效果。

（一）利用优质学校的资源优势，开展合作共建活动

学校先后与厦门市海沧区、湖里区、翔安区、集美区、思明区以及石狮市联合创办海沧附属学校、湖里分校、翔安附属学校、集美分校、瑞景分校、石狮分校和翔城分校。2005 年 9 月，学校在福建省率先承办了新疆班。2018 年 4 月，与厦门二中在二中鼓浪屿校区合办"初中英语实验班"。此外，近几年还跟宁德市寿宁县下党希望学校签订合作帮扶协议，并与厦门十中、寿宁一中、连城一中签订合作共建协议。

厦外与合作校开展联合教研活动

厦外和合作校联合研讨，开展了丰富多彩的活动。组织总校骨干教师分别到各附校、分校开展联合教研活动，平均每个月到一所学校，四学年共派出 190 人次参与了合作校的听评研活动，并邀请合作校共同开设了 28

节初三观摩课进行协调研讨，参加毕业班教学观摩的附校分校教师达一百多人次。资源共享相互促进，邀请分校老师到总校展示交流和跟岗工作。依据各附校、分校的实际需要，协助提供参赛指导，开展合作校跨校区带教活动等。此外还开展合作校之间的专题调研。

（二）发挥名校示范作用，承办省级培训，辐射省内薄弱学校

学校承办福建省"十三五"第二批高中名校长后备培训人选培训班，12位学员在2021年6月28日下午—7月3日上午到学校跟岗研修。此外，学校积极举办省级开放活动，2019年举办福建省教学开放活动，2021年举办福建省新疆班工作交流与教学开放活动。

厦外和寿宁县下党希望学校建立结对帮扶机制，捐赠下党希望学校图书450本。前后共接收寿宁一中10位教师到学校跟岗学习。

学校新疆高中班教育教学管理服务工作积极落实立德树人根本目标，围绕"铸牢中华民族共同体意识"这一主线，取得一定的成绩。学校提升了"混合编班、混合住宿、共同就餐"工作，开展了理论学习、主题讲座、基地研学、歌咏诵读、阅读研讨、撰文分享等多种形式的党史学习教育。积极组织师生结对子、周末寒假辅导、暑期接送、节假日陪伴、成人礼、毕业典礼等，将关心教育直接送达学生的内心。近几年新疆班学生高考，均取得优异成绩。

新疆班学生祝福祖国母亲生日快乐

五、培养优秀校友，成为社会栋梁

建校以来，学校致力于培养有"中国灵魂，世界胸怀"的现代公民，成就万千学子出彩人生。他们中有不少人已经成为社会栋梁，在各行各业熠熠生辉。

例如 1988 届厦外首届校友许良文，是厦外校友会会长，厦门海莱照明有限公司总经理，倾注心血校友会，助力母校新发展。1992 届校友李秋沅，是一名儿童文学作家，获国家级及省级文学文艺奖项 30 多次。1996 届校友陈雷，是清华大学美术学院的博士生导师，主导设计了厦门白鹭城市形象吉祥物。2004 届校友诸葛蔡延，年纪轻轻就已经是中国驻葡萄牙大使馆领事部主任。2005 届校友庄一，是中国新一代极富影响力的剧作家和戏剧导演。2010 届校友蒋琛，英国剑桥大学博士毕业后回国报效祖国，年轻有为，目前是清华大学电子工程系助理教授。2011 届校友林珂，现就职于联合国开发计划署亚太总部。2012 届校友马晨，是新疆班学生，目前就职于中国航空工业某中心。

六、加强宣传报道，社会效益突出

学校通过微信公众号、视频号等平台，向广大师生家长宣传先进事迹和感人故事，弘扬正能量。每年推送超过 500 篇微资讯，并有多篇获得市级以上媒体报道，获得社会广泛认可。2017 年以来，累计有 39 篇省级以上的媒体报道，中央电视台、新华社、中新社、人民日报、学习强国、中国教育报、福建电视台、福建日报、厦门电视台、厦门日报、厦门晚报等媒体和平台纷纷报道学校的先进事迹。尤其是学校向法国姐妹校阿兰·沙尔捷高中送抗"疫"礼物更是受到了中央电视台的关注，在中央电视台新闻频道 24 小时内播出了 8 次，展示了厦外师生作为文明厦门的使者践行习近平总书记关于人类命运共同体的理念。2020 年 6 月 21 日金边日环食期间，学校与央视新闻客户端和南方天文馆合作，直播日环食，时长达 4 个小时，浏览量 8000 多万，向全国人民展示厦门的美丽和厦外的科技教育成果。

2017 年以来省级以上媒体报道厦外办学情况

序号	刊载日期	媒体	标题全名
1	2017 年 5 月 18 日	福建日报	击剑将走进厦门中学校园
2	2019 年 7 月 10 日	中国教育报	李金萍：痴心育人妙招多
3	2019 年 11 月 20 日	中国教育报	钱永昌：物理教学如何激发学生创新潜能
4	2020 年 3 月 25 日	学习强国	秀｜战"疫"中的姊妹交心　福建厦门外国语学校情牵法国阿兰·沙尔捷高中
5	2020 年 4 月 8 日	学习强国	友城交流｜全球战"疫"厦外学生牵手德国姊妹校侄偬前行共赢曙光
6	2020 年 4 月 14 日	新华社	"战胜病毒后，我们相约去那樱花盛开的海滩吧"——孩子们的"心语"从厦门寄往日本友好城市佐世保
7	2020 年 4 月 21 日	福建日报	生活即教育，教学做合一——厦外抗疫素材融入课堂
8	2020 年 5 月 5 日	学习强国	文艺战"疫"｜"用勇敢无畏的青春　点燃全球战疫的洪荒之力"——厦门外国语学校学生用多国语言混编歌曲合成 MV
9	2020 年 6 月 8 日	学习强国	秀｜跨越万里的"云 Party"——姗姗送达的礼物　跨越万里的情谊（之一）
10	2020 年 6 月 9 日	福建日报	"千里"送口罩，礼轻情意重——厦门外国语学校向法国姐妹校赠送爱心礼包
11	2020 年 6 月 9 日、10 日	中央电视台央视新闻	遇见你｜一份礼物　承载了跨国师生间的情谊
12	2020 年 6 月 14 日	人民日报	从厦门到法国，一份跨越万里的珍贵礼物
13	2020 年 6 月 21 日	中央电视台央视新闻	厦门外国语学校 2020"金环日食"我们和太阳的约会
14	2020 年 6 月 24 日	福建新闻联播	爱心礼包情牵万里　中法两国校长云端相约

续表

序号	刊载日期	媒体	标题全名
15	2020年6月25日	新华社	Feature：Chinese students share protective masks, courage to defeat COVID-19 with French peers
16	2020年6月24日	中国新闻网	厦门中学跨国送爱心包　法国姐妹校"云端"致谢
17	2020年6月27日	福建新闻频道	"八闽好少年，逐梦新时代"——福建省新时代好少年洪悦骞
18	2020年7月14日	人民日报	厦门外国语学校改编 We Are the Brave
19	2020年7月14日	人民日报	一箱来自厦门的礼物　背后是跨越百年的情谊
20	2020年9月23日	人民日报	厦门市推出首个校园"蓄车区"接送车辆即停即走校门口不再拥堵
21	2020年9月24日	人民日报	厦门率先创设"接送学生专用蓄车区"
22	2020年10月15日	学习强国	强国征文·初中组｜厦门外国语学校蒋延同学：不负韶华
23	2020年10月21日	学习强国	强国征文·初中组｜奋斗，是爱国的最美姿态
24	2020年11月22日	福建日报	零的突破！福建三少年拿下这项国际奥赛金奖
25	2021年3月31日	福建日报	情暖山海间　奋进正当时——习近平总书记在福建考察纪实
26	2021年5月10日	学习强国	厦门外国语学校：把党史学习教育融入外语节，用外语讲述百年党史
27	2021年5月29日	福建教育微言	党史学习教育｜学党史、知党恩　少年奋进正当时
28	2021年6月16日	中国教育报	厦门外国语学校：多元培养，"五育并举"成就学生的每一种可能
29	2021年6月17日	中国日报	厦门外国语学校：用语言搭建合作的桥梁
30	2021年7月2日	中国教育新闻网	习近平总书记重要讲话在厦门教育界引发强烈反响

续表

序号	刊载日期	媒体	标题全名
31	2021年7月19日	中国日报	联合国《生物多样性公约》第十五次缔约方大会活动走进厦门
32	2021年7月28日	学习强国	文化新闻｜厦门外国语学校学生举办专场音乐会，奏响名曲致敬青春
33	2021年9月13日	福建日报	厦门外国语学校集美校区开办
34	2021年10月7日	学习强国等20家媒体	云端唱响爱国情 红歌振奋学子心
35	2021年12月23日	福建日报	与特区同龄，厦门外国语学校喜迎四十华诞
36	2022年5月4日	学习强国	炫｜厦门外国语学校2022年新团员入团宣誓仪式
37	2022年6月10日	福建教育电视台	空中课堂｜厦门外国语学校阙永华老师：计算法填报志愿
38	2022年9月13日	央视网	"双节"报道厦外"兵教师"刘震
39	2022年11月30日	学习强国	新时代爱国强军谱新篇——湖里区学习宣传党的二十大精神巡回宣讲走进厦门外国语学校

第二节 多元开放，高阶办学

一、多渠道拓宽学生成才路径

（一）五育并举、立德树人

学校以"进德修业"为校训，坚持"突出外语，文理并重，全面发展"的办学指导思想，致力于培养具有"中国灵魂，世界胸怀"的现代公民。通过对学生进行多元培养，坚持"五育并举"，成就学生的每一种可能。

一是坚持德育为先，落实好立德树人根本任务。学校落实"全员育人、全科育人、文化育人、实践育人、劳动育人"机制。建立健全培育和践行社会主义核心价值观的工作机制，深入开展社会主义核心价值观教育。学校还利用重要纪念日等时间节点，开展主题宣传教育活动，引导青少年"扣好人生第一粒扣子"。学校重视实践育人，每年学校组织学生近4000人次参与各类志愿者活动。他们活跃在市图书馆、科技馆、博物馆、养老院以及各个社区等地点。

高三保送生在厦门市科技馆开展"回报母校，服务社会"志愿服务活动

学校发挥文化育人的功能，加强校风、教风、学风建设，培养学生家国情怀，塑造"最美厦外人"，从走好"上学路"到走好"人生路"，并结合"四史"学习教育，帮助学生树立崇高理想。

学校完善德育工作绩效评估考核制度，包括建立健全德育常规管理体系，班主任德育工作考核、评价、激励机制，提升德育工作的专业化水平。

学校强化学科育人功能，将品德教育渗透到学科教学活动中，构建了特色鲜明的生命教育工作体系。学校重视心理健康工作，完善重点群体学生"一生一档"的档案建立工作，通过谈心谈话、上门家访、心理热线咨询，以及组织开展"青春期学生心理疏导"主题班会，开展心理疏导工作。

二是多元智能开发，更多平台让学生施展才华。学校创办厦门市首个钱学森班，致力于培养创新人才。2020年7月，学校与厦门大学航空航天学院正式建立战略合作伙伴关系。2022年7月，学校与厦门大学外文学院签订合作协议。

建校以来，厦外师生共获发明专利92项，其中7项专利已成功转让。近年来，师生参加全国青少年科技创新大赛累计获得国际奖6项、全国奖21项、省级奖85项、市级奖250项，获得全国发明奖及中国宋庆龄少年儿童发明奖金牌18枚、银牌17枚、铜牌20枚。学校代表队参加"第十五届国际标准化奥林匹克竞赛"，获得我国在该项目中的首块金牌。

三是体育特色发展，学生在强健体魄中彰显个性。学校在抓好日常体育课教学工作、让学生加强体育锻炼的基础上，开展丰富多彩的体育运动，让运动成为学生的习惯和时尚。厦外是全国校园足球特色校，校初中男子足球队获得2021年福建省青少年校园足球联赛暨中学生足球锦标赛冠军。厦外也是福建省游泳特色项目学校，校游泳队参加2019年全国体育传统项目学校联赛游泳比赛，2人达国家一级运动员标准，8人达国家二级运动员标准。校定向越野队在2021年福建省中学生定向越野锦标赛中，初中组和高中组均获一等奖。在2021年福建省示范性普通高中建设学校第三届击剑比赛中，校男子重剑团队夺得亚军，女子重剑团队夺得第四名。厦外学子还勇夺福建省示范性普通高中建设学校第三届网球展示活动二等奖。

四是凸显美育特色，艺术教育多姿多彩。在厦外，书法、美术、合唱、舞蹈、乐团、戏剧表演、诗歌朗诵活动精彩纷呈，屡次获奖。校合唱团荣获第四届世界合唱比赛银奖。校管弦乐团连续多届获国赛一等奖，成为国内中学生乐团名片，并走向世界参与艺术交流。舞动青春全员大课间活动，成为"网红"。在福建省第七届中小学生艺术节中，校管弦乐团获艺术节器乐一等奖，合唱团获艺术表演类声乐一等奖，2021级钱学森班合唱团获艺术表演类声乐二等奖，摄影协会获艺术作品类摄影三等奖。

五是综合性劳动教育，培养学生正确的劳动价值观。学校把劳动教育作为入校第一课，提倡劳动教育回归家庭。学校开发木工制作、3D打印等丰富多彩的劳动课程，建立了校本劳动课程体系，同时充分利用信息技术手段拓宽劳动教育的广度与深度。学校还通过劳动成果展示、为身边劳动者点赞等形式培养学生正确的劳动价值观，不断提升学生劳动素养。

(二) 开展多彩社团活动，培育优秀校园文化

学校目前有语言学术类（法语社、日语社、德语社、西语社、模拟联合国协会、美式辩论会、HSYLC社、外语桥社、粤语社等）、学术知识类（商业模拟协会、Minecraft社、TNT化学社、军事历史社、模拟法庭社、天文社、生命科学社、赏云气象社、心理社、推理社）、科技创新类（航空社、模型社、VEX机器人工作室、HyXlize游戏制作社）、文艺表演类（ACG社、Beatbox社、爱影社、街舞社、舞台剧社、音乐社、东方舞社、Blinky乐队、Knock乐队、Snack乐队、Scandal乐队2020、Rap社、DJ社、吉他社、新疆舞社）、体育竞技类（羽毛球社、排球社、足球社、桌游社、魔方社）、生活技能类（烘焙社、圣麒漫画社、橡皮章社）、传统文化类（民乐社、追昔汉服社、书法社、扬帆文学社、相声社）等7大类社团，促进了学生全面而有个性的发展。学校建立了社团指导教师制度，提供了活动场地、经费等方面的大力支持，形成了丰富的社团文化，构建了学生全面、多元发展的平台，并科学规范开展社团活动。

校模拟联合国协会

民乐社

学校目前有管弦乐团、舞蹈团、合唱团等三大艺术团,各艺术团在各级比赛、各类演出中都有良好表现。

校管弦乐团创建于2006年年底,秉承"奉献造就生命,信念成就梦想"的精神,保持着非招收艺术特长生的办团特色,不断地从在校生中培养音乐爱好者。厦外乐团成功举办了逾三十场交响音乐会,在全国、省、市比赛中屡获佳绩:连续三届入围教育部主办的全国中小学生艺术展演,蝉联一等奖;连续三届荣获福建省中小学生艺术节器乐一等奖;连夺厦门市中小学生管弦乐比赛管乐合奏、弦乐合奏、管弦乐合奏一等奖。校管弦乐团作为学校对外交流的特色窗口之一,与世界各地的团队交流频繁,先后接待了来自奥地利、以色列、德国、澳大利亚、美国、法国、菲律宾、荷兰、新加坡、泰国、英国等国家的访问团,以及中国台湾和中国香港的访问团,并多次应邀赴荷兰、英国、美国等国家开展巡演,出色的演奏均获外国友人的赞许。

校管弦乐团

校合唱团至今已经连续 12 年获得厦门市中学生合唱比赛一等奖，两次获得福建省音乐舞蹈节合唱比赛金银奖，获得两届厦漳泉中学生合唱比赛金奖，还获得数次不同类型的省级比赛金银奖、一次全国合唱比赛银奖、一次世界合唱比赛银奖。

校合唱团

校舞蹈团在没有舞蹈特长生的情况下，三次获得厦门市直属中学生舞蹈比赛一等奖，获得一次厦门市中学生舞蹈比赛一等奖、两次二等奖，一次福建省少数民族运动会金奖。多次代表厦门市中学生舞蹈团参加福建省和厦门市的各项文艺汇报演出，获得各界广泛好评。

校舞蹈团

（三）开设钱学森班创新课程，培育时代新人

为实现"培养学生德智体美劳全面发展的社会主义建设者和接班人"

的育人目标，传承钱学森"爱国、奉献、求真、创新"的精神，实践钱学森"集大成、得智慧"的教育理念，学校于2018年开启钱学森班特色办学。结合高中阶段学生发展特征和素养导向型人才培育模式，深入落实"学习思想，了解世界，利用科技，修养文艺，懂点军事，健康身心"六大理念，培育学生初步具有"爱国向上、尊重科学、涵养文艺、不忘使命"的品格，以及"高质思维、精准表达、团队合作、实践创新"的能力，并具备优良的"学科知识、世界认知、特长爱好、人生规划"。

自办班以来，学校聘请厦门大学的理工科知名教授担任钱学森班顾问，组建一流名师团队担任钱学森班任课教师，并具有相对独立的课程设置。与"航天十二院"联系密切，并与厦门大学航空航天学院建立了战略合作伙伴关系。定期开展深度研学，提升实践探索能力，着力打造高中学科竞赛，鼓励学生深度学习。

学校制订了《厦门外国语学校钱学森班教育教学特色方案》，除了抓好重点高中学生应具备的文化学习外，为钱学森班学生开设了五门竞赛学科课程、心理与职业生涯规划、研究性学习和论文撰写、科学探究和创新大赛等特色课程。此外，通过开设讲座、外出参观等方式，着重培养学生的人文情怀和科学素养。除了普惠性讲座外，学校还组织了专门针对钱学森班的讲座。这些讲座有助于学生在"大成智慧""科学素养"与"人文情怀"等方面的全面发展。

学校的钱学森班特色课程体系，呈现出以下特点：第一，注重学科竞赛培养和强基课程，着力打造钱学森班学科竞赛团队。第二，注重拓展知识面，定期邀请国内外专家学者来校开设讲座，开设钱学森班选修课程、思维科学训练、心理健康课、工程技术入门、文化艺术鉴赏、生涯规划等课程。第三，注重课程的实践性和探索性，开设创新课程。

钱学森班在日常教学中突破传统教学模式，多样运用现代技术手段融入课堂教学。平板电脑进课堂即为一大特色。钱学森班全体师生配有平板电脑，教室网络全覆盖。各学科根据自我特色广泛运用平板各项功能，为课堂教学服务，取得了课堂容量提升、教学有效性提高、师生互动增强等成效。同时，教师充分利用平板电脑便捷的优势，实现了课后练习适时发送、及时评改的教学目标。课堂活用，课后巩固，平板电脑教学在钱学森班已基本常态化、有效化。

学校积极打造钱学森班研学平台，利用钱学森班国内的卫星发射基地和美国休斯敦航天创新研学基地策划研学活动，2018年10月13日，学校组织了首批12名学生，在郑远鹏副校长和其他三位老师的带领下，赴西昌卫星发射基地参加航天研学活动。通过观摩卫星发射，学生们实地感受了科技力量，坚定了科学信念。

钱学森班现已成为学校培养顶尖人才的摇篮，是学校最闪亮的一个品牌，在省市极具影响力，已成为学校一大特色办学。学校将通过构建钱学森班特色课程体系，转变教学方式，培育提升学生整体素质。同时，学校将注重专博相济，通过科学与艺术结合，开阔学生视野，拓展学生思路。此外，学校还将促进学生积极主动接触最前沿科学技术发展方向，丰富学生发展成长内涵，并培养学生对实现中国梦的责任担当。

二、开放办学，辐射优质资源

（一）国内外教育交流活动，国内名校协作

积极与国内名校开展交流合作。与厦门大学航空航天学院、厦门大学外文学院建立了战略合作伙伴关系，引进高校优质教育资源，拓展学校办学视野；与国内知名中学交流互鉴，如武汉大学附属学校、广东省茂名市启源中学等。

学校与德国约翰诺伊姆中学、法国巴约市阿兰·沙尔捷高中、澳大利亚墨尔本杰纳正诺学院、英国卡迪夫公学、泰国东盟普吉泰华学校、新加坡南侨中学、日本佐世保市立广田中学、荷兰祖特梅尔市阿佛玲中学等29所学校建立了姐妹校关系，每年互派教师和学生到对方学校学习访问，并与姐妹校开展同课异构、项目合作学习等创新形式的交流。学校与加拿大多伦多大学、法国鲁昂工程师学院、加拿大蒙特利尔高等商学院、日本立命馆大学等签订"绿色通道"或"直通车"项目。

多元文化交流碰撞，也让厦外师生更加关注地球村上人类共同的命

运。2020年疫情期间,厦外师生向法国姐妹校阿兰·沙尔捷高中送抗"疫"爱心大礼包,以及和各个国际姐妹校的交流活动,受到了人民日报、新华社、中央电视台、学习强国等媒体和平台的报道。

(二)承办设区市及以上教学开放活动,名师开课辐射资源

学校积极举办省级开放活动,2019年举办福建省教学开放活动,2021年举办福建省新疆班工作交流与教学开放活动。

成立"厦外海沧青年教师工作联盟",并开展专题活动。组织海沧地区各校新入职教师、海沧青年教师成长联盟高中组成员,在厦外举行了形式丰富、内容充实的教研活动,进行高三复习课有效性策略研讨及微课程制作技能专题讲座。组织全体学员参加海沧区主办的2018届高三复习教学专题研讨活动,观摩河北名师与海沧教师"同课异构",并围绕全国高考进行专题交流。

福建省邹春盛名师工作室2021年12月到寿宁一中、下党希望学校开展送培送教活动,在厦外和连城一中开展专题研修;福建省肖骁名师工作室在南平市和石狮市送教下乡;厦门市钱永昌名师工作室成功举行4场教学研讨活动,党员名师先锋岗在宁德五中开展指导帮扶活动。石狮分校、音乐学校等被帮扶的学校也派员参加了活动,真正起到了示范和辐射作用。

谢慧校长带队到下党希望学校送培送教

（三）根据薄弱学校特点，制定帮扶策略

1. 石狮分校

厦外石狮分校创办于 2016 年，是石狮市人民政府和厦外合作创办的一所公立完全中学，是厦外在厦门市以外开办的唯一一所合作学校，是一所职工办寄宿制完全中学。厦外石狮分校依托于厦外总校，充分配置多样化优质教育资源，纳入厦外管理体系。厦外与石狮分校主要开展了以下合作：学校派遣专家团队到石狮分校开展送培交流系列活动；石狮分校组团到厦外参与"聚焦课堂"等形式的教学研讨活动；举办教育工作论坛活动；参加学校校本培训讲座；参加学校初三毕业班分享交流会。

2. 下党希望学校

为了充分发挥厦外作为全国文明校园的示范引领作用，发挥名校优质资源优势，探索形成优质教育辐射机制，帮扶革命老区和山区，进一步提高薄弱学校办学水平，促进教育均衡发展，学校与下党希望学校举行两校结对帮扶协议。学校与下党希望学校主要在以下方面开展合作帮扶：传承红色文化，学习攻坚克难精神；构建书香校园，拓展阅读视野；加强队伍建设，提升教师综合素质；实现云端共享，加强线上教研。

3. 寿宁一中

为发挥厦外作为全国文明校园和福建省示范性普通高中建设校的示范辐射作用，发挥寿宁一中作为闽东革命老区学校的红色资源优势，2021 年 11 月 15 日，学校与福建省寿宁一中签订合作共建协议。学校与寿宁一中主要在以下方面开展合作帮扶：教育信息化共建；线上、线下相结合互动；发挥办学特色，突出优势共建。

4. 连城一中

为发挥厦外作为全国文明校园和福建省示范性普通高中建设校的示范辐射作用，发挥连城一中作为闽西革命老区学校的红色资源优势，经双方多次沟通协调，2021 年 6 月 22 日，学校与连城一中签订两校合作共建协议。学校与连城一中主要在以下方面开展合作帮扶：充分交流优质教育资源，资源共享；充分发挥外语特色优势，优势互补；加强两校间互动，推动两校共同发展。

5. 厦门十中

为了促进厦门教育均衡发展，在厦门市教育局的指导下，经双方多次沟通协调，2022年6月14日，学校与厦门市第十中学举行两校结对共建仪式。学校与厦门十中主要在以下方面开展合作帮扶：教学新课程改革、教师技能培训、教师专业化发展、中考保送班衔接教学、教学资源共享。

6. 海沧中心小学

为切实开展好乡村学校少年宫结对帮扶工作，深化文明创建，积极发挥厦外"全国文明校园"和福建省示范性普通高中建设学校的示范引领作用，2021年10月29日，学校与海沧中心小学召开结对共建座谈会，并举行新一轮结对帮扶共建签约仪式。开展结对文明共建活动；推动乡村学校少年宫项目；挖掘红色文化教育资源；资源共享，探索特色文明创建。

（四）家校社共建，共育文明之风

学校与北附小社区、振兴社区、篔簹街道、嵩屿街道、边防大队、市图书馆等开展了社区共建活动，常年开展党员进社区志愿者活动、关爱社区贫困家庭帮扶活动、社区共建公益服务活动等。每年组织新疆部与海沧边防大队开展军民共建活动，每年组织特级教师、优秀党员老师、优秀青年教师等到厦门市图书馆开展义务学业指导活动。定期开设家长学校，邀请优秀家长开设讲座，分享成功经验。组建家长义务交警队，在上下学期间保驾护航。

与振兴社区开展共建活动

定期开展
家长学校活动

（五）建立毕业生发展跟踪调查机制

建立毕业生发展跟踪调查与分析反馈机制，充分调动校友积极性为学校的建设和发展服务。成立校友会，设立校友返校日，公布校友信箱，建立校友联系网络。每学期厦外均会邀请考入清华、北大等国内著名学校或美国、加拿大等国外著名学校的校友，为高一高二学子开设专题讲座。校友们的精彩讲座，为厦外学子打开了一扇通向外面世界的窗口，开阔了视野，激发了学习积极性和热情。由校友会自主筹办的厦外35周年校庆系列活动如论坛、晚会、时光长廊等，赢得广泛好评；由校友自编自导的《爱乐之城》受到人民网等多家知名媒体的微信平台转载，取得很好的社会效果。

学校通过校友会与校友架起沟通桥梁。校友会举办庆祝母校建校40周年系列活动，举办校友晚会；学校还举行校友新春联谊会，邀请校友回校开设讲座，在多平台宣传优秀校友先进事迹并集结成册。

校友们参加建校 40 周年系列活动

第三节　结对帮扶，内外开花

一、学校钱学森班学生赴西昌卫星发射基地参加航天研学活动

2018 年 10 月 13 日，受钱学森之子钱永刚教授邀请，学校钱学森班 12 名学生在郑远鹏副校长等四位老师的带领下，赴西昌卫星发射基地参加航天研学活动。

钱学森班学生赴西昌卫星发射基地参加航天研学活动

到达西昌后，学校钱学森班师生与钱学森班联盟部分学校师生一道参加了开营仪式。中国航天钱学森决策顾问委员会副秘书长李平中寄语钱学森班学生：践行钱学森精神，为实现中华民族伟大复兴的伟大梦想努力学习。

2018年10月15日上午，学校钱学森班学生与钱学森班联盟部分学校师生来到中国西昌卫星发射基地观摩平台，等候北斗卫星发射的重要时刻。12时23分，随着总指挥"点火"指令发出，火箭轰鸣冲向云霄，西昌卫星发射中心用长征三号乙运载火箭，以"一箭双星"方式成功发射第三十九、四十颗北斗导航卫星。随后，钱学森班学生在基地工作人员的带领下走进西昌卫星发射基地，参观发射塔架，零距离触摸火箭，了解火箭工作原理。

这次研学活动，虽然路途遥远时间短暂，但钱学森班学生能有机会亲眼见证卫星升空这一历史时刻，亲身走进西昌卫星发射基地零距离了解火箭结构及工作原理，感受我国正从大国走向强国，激发了他们学习航天知识的热情和积极性。他们了解了以钱学森为代表的航天人的中国航天精神，亲身感受了何为家国情怀。同时，通过与基地航天人和北斗卫星研制团队近距离接触，实地感受了科技的力量，坚定了科学信念，激励了他们奋发图强的精神。

接下来，学校钱学森班还将继续开展学生研学活动，践行钱学森的"大成智慧教育理念"，努力培养有精神担当、创新实践、目标高远的人才。

二、与国外合作校法国阿兰·沙尔捷高中的抗疫合作以及网上游学合作

2020年7月14日，《人民日报》刊载文章：近日，厦门外国语学校校长谢慧与法国阿兰·沙尔捷高中校长让－佛朗索瓦·莱沙赫进行了一场视频交流会，两位校长在通话中洽谈了深化合作、开设跨国网课等具体事宜。

谢慧校长与莱沙赫校长线上交流

中国与阿兰·沙尔捷的渊源要追溯到一百年前。1920年8月27日，刚满16岁的邓小平在巴约阿兰·沙尔捷中学度过了5个月的学习期，校方专门为这批中国学生开设了法文课程。直至现在，阿兰·沙尔捷高中都极其珍视这份渊源，邓小平曾经居住过的那栋三层教学楼至今还被完整保存。

早在2010年5月，厦外就与阿兰·沙尔捷高中正式签署合作协议缔结为友谊学校。十年来，两校一直保持着友好往来。2020年春节，法国学校的学生在得知中国大部分地区受到新冠疫情的影响后，对厦门学校的学生表达了深切的关心和问候。3月，法国疫情暴发，学校法语班的同学们筹集了1200个口罩，还准备了中文拼音绘本、长城的风景明信片和中国象棋、茶具等礼物，希望能为法国的朋友送去关怀，充实他们居家隔离期的时光，坚定团结抗疫的信心。

由于新冠疫情在全球暴发导致各国物流受阻，这一箱精心包装的防疫物资和爱心礼物历经三个月的波折，才在厦门运输行业的爱心人士和巴黎友人的帮助下送达阿兰·沙尔捷高中。

礼物送达时，正值中法缔结友校的十周年之际，莱沙赫校长很有仪式感地将礼物一件件从箱子里取出，并由衷地说道："疫情期间，能从那么远把礼物送来，我们非常感动。我从心底珍视两校的友谊。"

礼物抵达阿兰·沙尔捷高中前夕，在美丽的筼筜湖畔，学校与法国阿兰·沙尔捷高中缔结友谊校10周年的"云端盛会"在学校的小足球场举行。学生们通过 LED 屏幕的视频连线见证了礼物送达法国友校这一激动人心的时刻。

三、帮扶薄弱校之与石狮分校的合作办学模式

厦外石狮分校是厦外目前唯一一所厦门市域外合作校。厦外通过多年的对口帮扶，使得厦外石狮分校的办学质量有了质的飞跃。对口帮扶具体体现在以下几个方面：

1. 派驻管理团队，打造高质量核心

厦外石狮分校建校以来，厦外派出以特级教师、正高级教师、享受国务院特殊津贴专家肖骁校长为代表的管理层，强力打造一支肯吃苦、能创新、打硬仗的管理团队，带领厦外石狮分校从白手起家，到一步步成长为区域名校、家长口中的好学校。

2. 定期交流互动，打造高质量教学

学校每年定期召开合作办学研讨会，并由各学科组长、名师带队到包括厦外石狮分校在内的各合作校开展听课、评课、集备等活动，聚焦课堂、研究课程，开展多项接地气、有实效的学科教研活动。

3. 推进教技比赛，培养高质量教师

由厦外总校牵头，通过定期举办"合作校教师教学技能大赛"活动，以观摩学习、交流切磋为主导原则，旨在以赛促研、以赛促教、共同提升，并对成绩优秀选手重点培养，以期快速成长为高质量教师。疫情期间还开展各类线上研讨交流活动。

学校通过开展多维度交流互动、多层面聚焦课堂、多渠道教师培训、多平台亮点展示、多方位资源整合，对包括各合作校在内的薄弱校充分起到了帮扶作用，并取得了良好的效果。

厦外名师到石狮分校送教

第四节　创新合作，提质增效

一、创新合作办学机制，深化特色化办学实践

探索集团化办学道路、拓展国际化办学优势，形成开放办学新格局。建立合作校联席会议制度，对校园文化、课程规划、教育教学、评价体系、特色发展等方面的建设工作召开各类专题会议。每年举办合作校师生共同参加的科技、文化、体育、艺术等形式的联谊活动，增强各合作校师生的交流与认同。

紧密结合国家"一带一路"发展战略，以广泛的国际"姐妹校"为桥梁与纽带，建立姐妹校师生交流制度、特色课程和校外实践基地共建共享制度、教育研究合作制度和学生科技创新合作交流制度等各类制度，以丰富的形式开展教育、文化、科技、实践等方面的交流，促进学校国际化发展。加强巩固"绿色通道""直通车"项目，积极拓展更多国际著名高校的升学通道，打造学校高端留学特色品牌。

加强与国内外著名高校合作，探索发展若干优质生源基地校，进而通过与国内外高校、高端研究机构、高科技企业合作，制订超常人才和拔尖人才培养计划，探索开展拔尖创新人才培养试验，探索特殊人才遴选培养和学业评价制度改革，探索适合拔尖人才培养的课程体系和教育教学方式。

二、完善育人模式，培育时代新人

构建"全员参与、齐抓共管、全程管理、个性化教育"育人模式，结合"文明家校路"品牌创建，完善家校社一体化德育体系建设，促进德育实践活动的制度化、规范化、常态化和特色化。落实"全员育人、全科育人、文化育人、实践育人"，提高全体学生道德素养，提高德育工作的针对性和成效。完善全员育人工作机制，健全德育导师制、学情会商制度、家长委员会制度、活动育人课程建设制度。

发挥学校文化的育人功能，加强校风、教风、学风建设，引导学生从爱"小家"到爱"大家"，从走好"上学路"到走好"人生路"。大力弘扬和传承中华优秀传统文化，挖掘传统节日资源，开发传统节日课程，使传统节日成为重要的育人载体。

强化学科育人功能，将"品德教育"渗透到学科教学活动中，建设学校生命教育课程，构建结构合理、功能健全、特色鲜明的生命教育工作体系。开展学科渗透德育课题研究，经常性组织学科渗透德育的公开课、研讨课和示范课活动，利用班会、国旗下讲话等"微时间"，搭建德育"微平台"，加强"微体验"，此外还开发校本化德育特色课程。

挖掘校内外资源。发挥家庭、社会德育力量，加强网络环境下的学生德育工作，构建家校社"三位一体"的德育工作体系，完善合力育人的德育机制。每学期开展家、校德育座谈会，制订工作计划，持续开展家长学校学习。

发挥文化育人功能，建设文明绿色校园文化。打造以"文明家校路，最美厦外人"为主题的学校德育品牌，形成校园文化育人的课程化与系统性、阶段性与自主性特征；全面实施校园文化景观的改造、升级和品牌化建设行动，不断提升文化育人的标准与高度。

加强美、体、劳、心理与实践教育，促进学生全面发展。积极营造校园美育、体育、劳育的教育氛围，培养学生艺术感知、审美能力和文化素养。丰富校园体育活动，强化体育锻炼，培养学生的运动习惯和体育精神。持续开展全国青少年校园足球特色示范校工作。发挥劳动教育的作用，建构融日常生活劳动、生产性劳动、服务性劳动于一体的具有厦外特色的劳动课程体系。

加强新疆班的管理，铸牢中华民族共同体意识。以铸牢学生中华民族共同体意识为工作目标，建设具有厦外特色、省内示范的民族团结进步工作示范品牌。完善编制规章制度，建立高效有序工作机制；提高思想教育品质，提升民族团结工作品牌；提升文化教育质量，优化内高人才培养模式；加强扶贫关爱工作，建设安全温暖成长家园；提高显政宣传水平；产出系列课题研究成果。

三、创新课程建设，提质增效创佳绩

建设八大课程体系。以福建省示范性高中建设学校的标准加强课程建设。根据不同潜质学生发展需要和未来社会对人才的多样化需求，统筹规划、整体构建，建设好厦外外语特长班课程、双语课程、对外汉语班课程、外语留学预备班课程、"钱学森班"创新课程、人文社科班课程、综合发展班课程、新疆班课程等高中"八大课程体系"，致力于打造符合高考生、外语保送生、出国预备生等不同需求的课程群。

结合知识产权普及教育开展科技创新教育，多角度多层次提升学生科学素养。通过组织学生社团活动、每年定期举办校科技节、校内及校际的奥林匹克竞赛、科学小实验小论文比赛以及组织学生参加省市创新大赛和国际青少年科创大赛，提升学生科学素养，激发学生科学实践热情。推进以项目实践教学为引领的"创客教育"，培养学生科学探索精神和合作探究能力。